国家珍贵古籍名录·尔雅

中国珍贵典籍史话丛书

《尔雅》史话

王世伟 ◆ 著

国家圖書館出版社

图书在版编目（CIP）数据

《尔雅》史话 / 王世伟著 .-- 北京：国家图书馆出版社，2016.12
（中国珍贵典籍史话丛书）
ISBN 978-7-5013-5938-7

Ⅰ . ①尔…　Ⅱ . ①王…　Ⅲ . ①《尔雅》—研究
Ⅳ . ① H131.2

中国版本图书馆 CIP 数据核字（2016）第 212075 号

书　　名　《尔雅》史话
著　　者　王世伟　著
责任编辑　许海燕　方自金
助理编辑　黄　鑫

出　　版　国家图书馆出版社（100034　北京市西城区文津街 7 号）
　　　　　（原书目文献出版社　北京图书馆出版社）
发　　行　010-66114536　66126153　66151313　66175620
　　　　　66121706（传真）　66126156（门市部）
E-mail　　nlcpress@nlc.cn（邮购）
Website　 www.nlcpress.com →投稿中心
经　　销　新华书店
印　　装　北京联兴盛业印刷股份有限公司
版　　次　2016 年 12 月第 1 版　2016 年 12 月第 1 次印刷

开　　本　710×1000（毫米）　1/16
印　　张　12.25
字　　数　142 千字
印　　数　1—3000 册

书　　号　ISBN 978-7-5013-5938-7
定　　价　38.00 元

《中国珍贵典籍史话丛书》顾问

（按姓氏笔画排序）：

王 尧　王 素　王余光　史金波

白化文　朱凤瀚　许逸民　吴 格

张忱石　张涌泉　李孝聪　李致忠

杨成凯　陈正宏　施安昌　徐 蜀

郭又陵　傅熹年　程毅中

图一　东汉文字学家许慎像

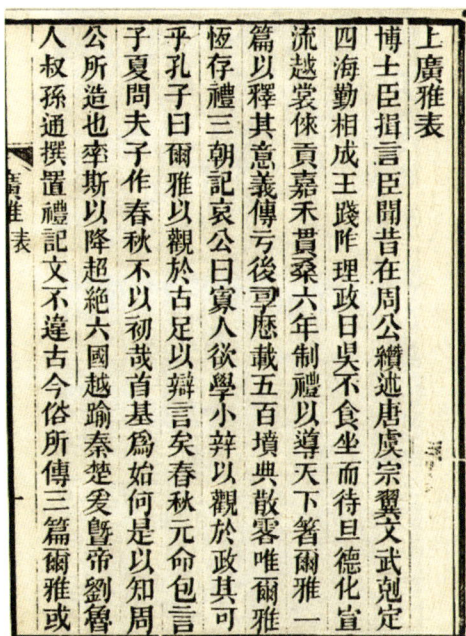

上廣雅表

博士臣揖言臣聞昔在周公纘述唐虞宗翼文武剋定
四海勤成王踐阼理政日昃不食坐而待旦德化宣
流越裳徠貢嘉禾貫桑六年制禮以導天下箸爾雅一
篇以釋其意義傳亏後嘗應藏五百墳零唯爾雅
恆存禮三朝記哀公日寡人欲學小辯以觀於政其可
乎孔子曰爾雅以觀於古足以辯言以親於政其可
子夏問夫子作春秋不以初哉首基為始何是以知周
公所造也率斯以降超絕六國越踰秦楚爰暨帝劉魯
人叔孫通撰置禮記文不違古今俗所傳三篇爾雅或

图二　三国魏训诂学家张揖《上广雅表》

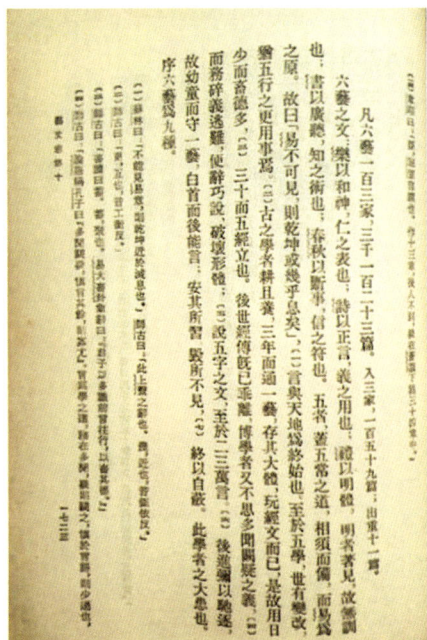

图三　《汉书·艺文志》"六艺略"

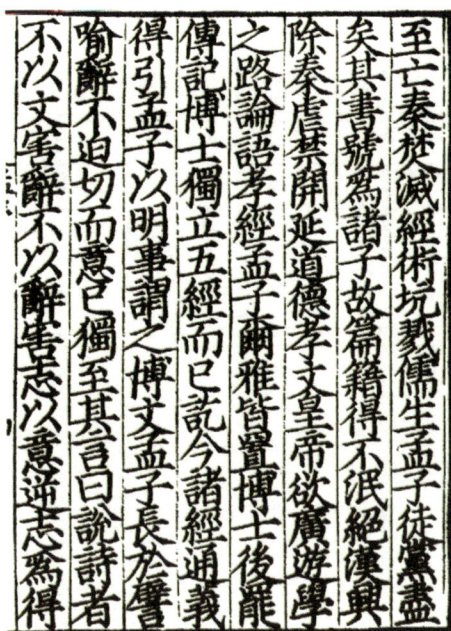

至亡秦焚滅經術坑戮儒生孟子徒黨盡
矣其書號為諸子故篇籍得不泯絕漢興
除秦虐禁開延道德之塗孝文皇帝欲廣游學
之路論語孝經孟子爾雅皆置博士後罷
傳記博士獨立五經而已訖今諸經通義
得引孟子以明事謂之博文孟子長於譬
喻不迫切而意已獨至其言曰說詩者
不以文害辭不以辭害志以意逆志為得

图四　东汉经学家赵岐《孟子题辞》
对《尔雅》的记述

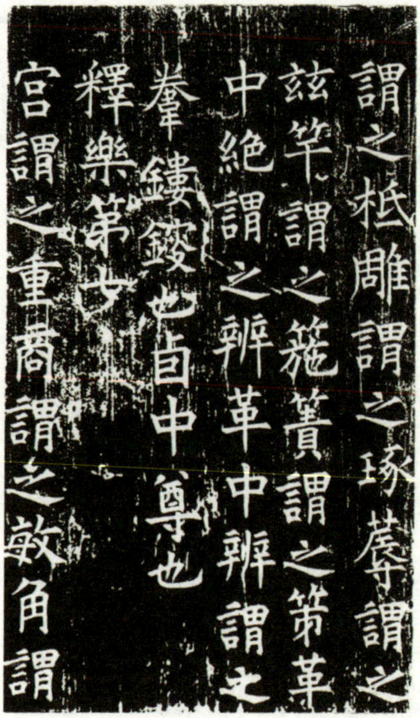

图五　《开成石经·尔雅》拓本

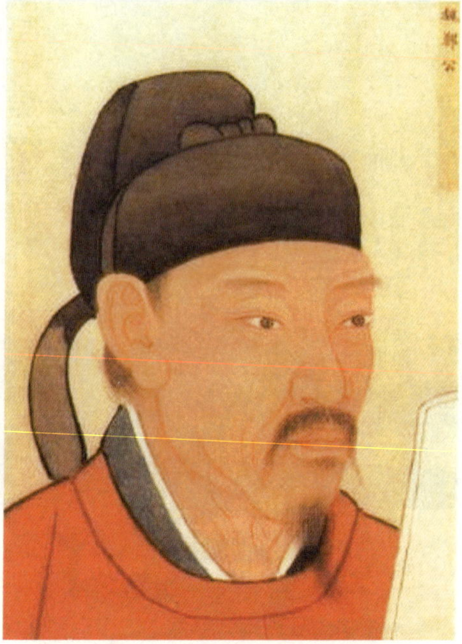

图六　唐代政治家魏徵像

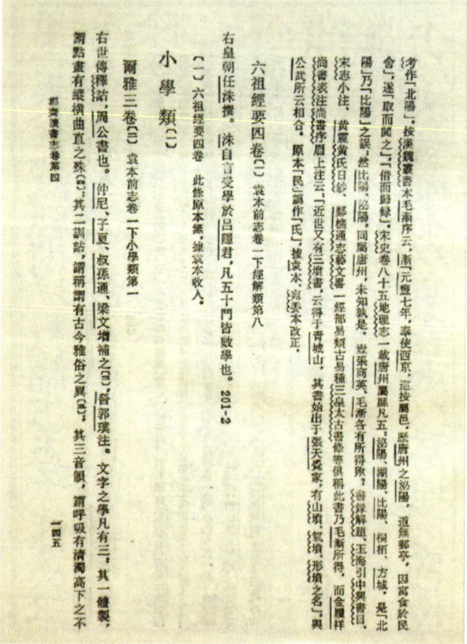
考作「北陽」。按漢魏叢書本毛漸序云，漸「元豐七年，奉使西京，巡按屬邑，歷唐州之泌陽，道無郵亭，因寓食於民舍」，遂「取而閱之」，「借而歸錄」。宋史卷八十五地理志一載唐州屬縣凡五，泌陽、湖陽、比陽、桐柏、方城，是「北陽」乃「比陽」之誤，然比陽、泌陽，同屬唐州，未知孰是。豈張商英、毛漸各有所得歟？書錄解題、玉海引中興書目、宋志小注、黃震黃氏日鈔、鄭樵通志藝文略一經部易類古易種三皇太古書條等俱稱此書乃毛漸所得，而金履祥尚書表注尚書序眉上注云：「近世又有三墳書，云得于青城山，其書始出于張天覺家，有山墳、氣墳、形墳之名」，與公武所云相合。原本「民」譌作「氏」，據袁本、宛委本改正。

六祖經要四卷〔一〕　袁本前志卷一下經解類第八

右皇朝任洙撰。洙自言受學於呂隱君，凡五十門皆數學也。　201-2

〔一〕六祖經要四卷　此條原本無，據袁本收入。

小學類〔一〕

爾雅三卷〔二〕　袁本前志卷一下小學類第一

右世傳釋詁，周公書也。仲尼、子夏、叔孫通、梁文增補之〔三〕，晉郭璞注。文字之學凡有三：其一體製，謂點畫有縱橫曲直之殊〔四〕；其二訓詁，謂稱謂有古今雅俗之異〔五〕；其三音韻，謂呼吸有清濁高下之不

郡齋讀書志卷第四　一四五

图七　《郡斋读书志》小学类序

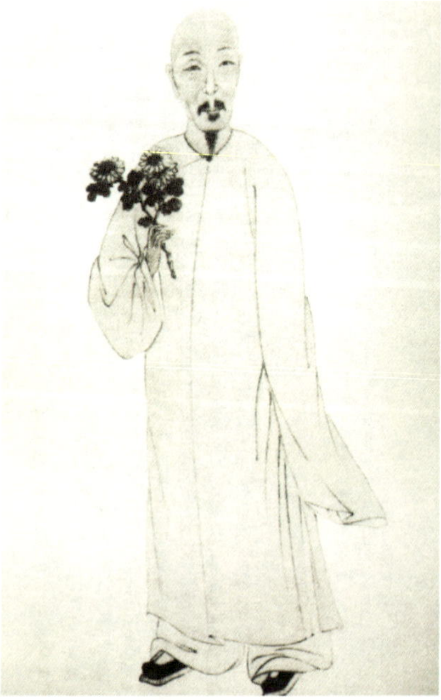

图八　清代文字训诂学家段玉裁像

許學考總目

卷一

許氏 慎 說文解字

李氏 陽冰 刊定說文

卷二

徐氏 鉉 校定說文解字　說文質疑論

毛氏 晉 仿北宋刻改大字六說文解字

段氏 玉裁 汲古閣說文訂

嚴氏 可均 段氏說文訂

朱氏 筠 校刊毛本說文解字

目錄

5

图九　清代学者黎经诰《许学考·总目》　　图十　清代学者戴震像

图十一　现代音韵训诂学家黄侃像　图十二　国民政府教育部副部长陈布雷像

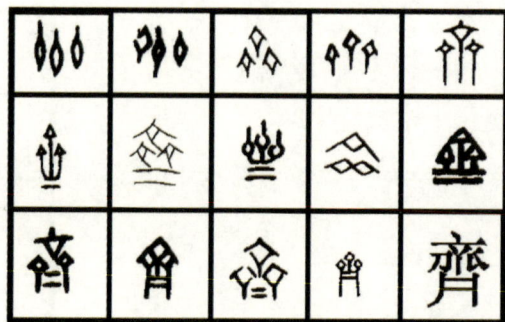

图十三　《商承祚书法集》序文

图十四　古文"齐"字字形

图十五　台北"故宫博物院"藏宋本《尔雅》

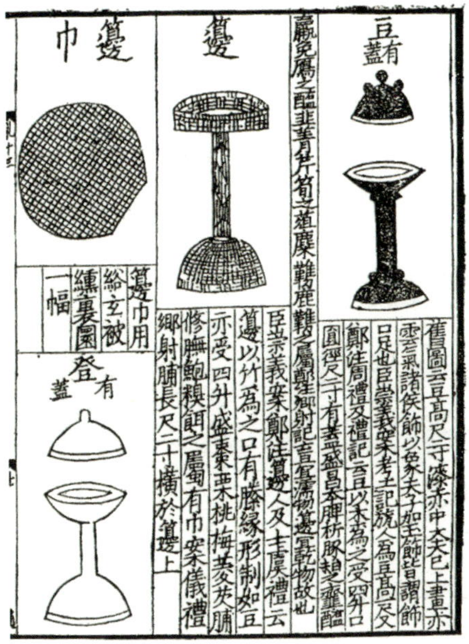

图十六　宋代《三礼图》所绘豆、笾、登

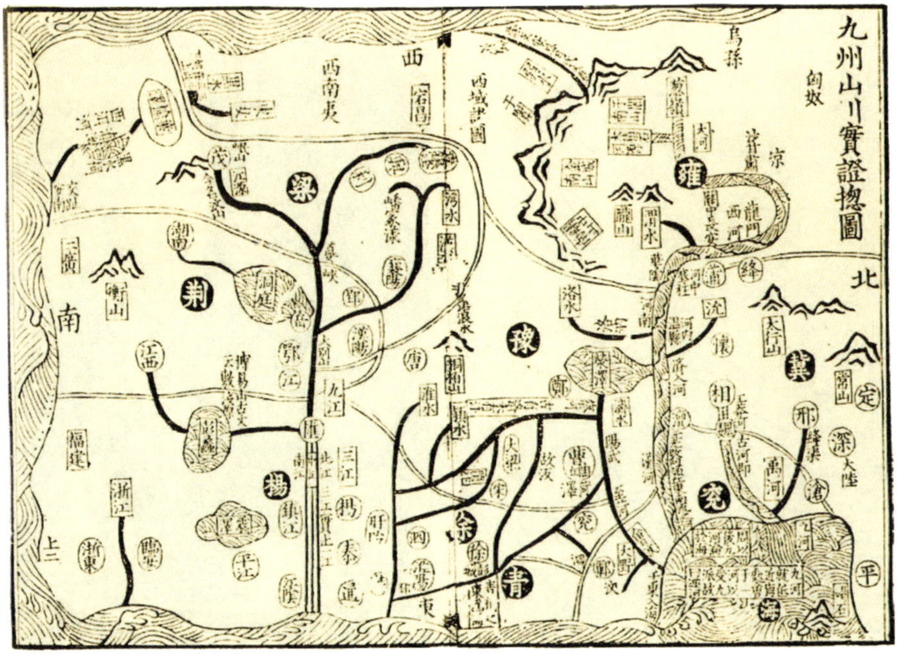

图十七　禹贡九州图（《禹贡山川地理图·九州山川实证总图》）

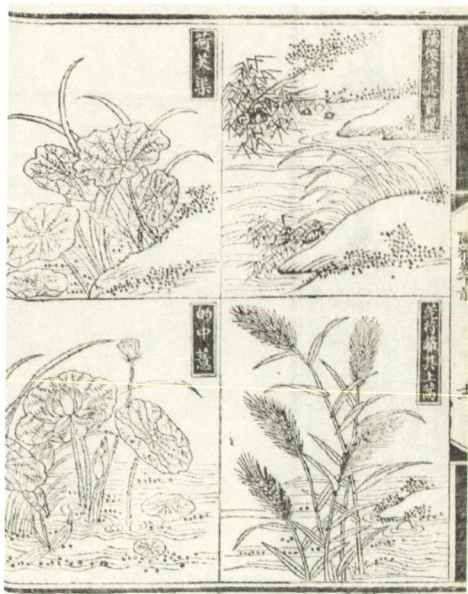

图十八　清嘉庆《尔雅图》重刊影
　　　　宋本"荷芙渠"图等

图十九　清嘉庆《尔雅图》重刊影
　　　　宋本"狒狒"图

图二十　嗉囊里存有鱼类的
　　　　燕鸟化石标本

图二十一　18世纪法国启蒙思想家狄德罗像

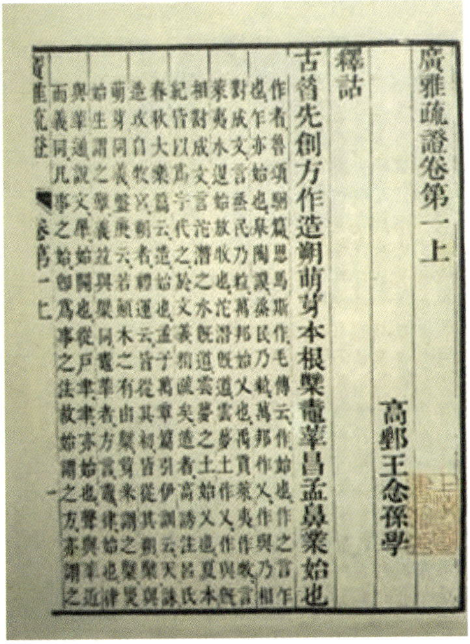

廣雅疏證卷第一上　　高郵王念孫學

釋詁

古昔先創方作造朔萌芽本根櫱鼃萉昌孟鼻業始也

图二十二　清王念孙《广雅疏证》

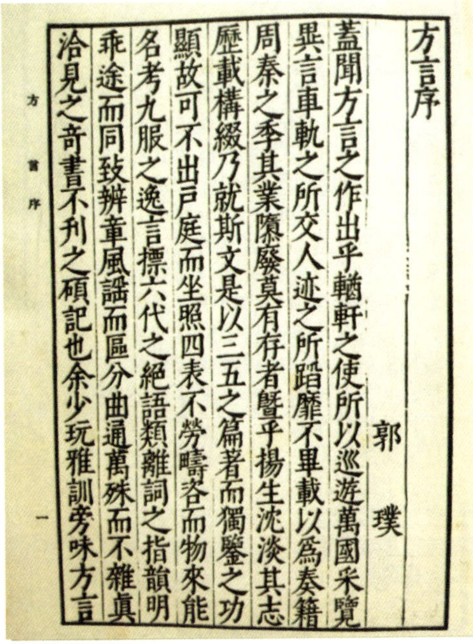

方言序　　郭璞

蓋聞方言之作出乎輶軒之使所以巡遊萬國采覽異言車軌之所交人迹之所蹈靡不畢載以爲奏籍周秦之季其業隳廢莫有存者暨乎揚生沈淡其志歷載構綴乃就斯文是以三五之篇著而獨鑒之功顯故可不出戶庭而坐照四表不勞疇咨而物來能名考九服之逸言標六代之絕語類離詞之指韻明乖途而同致辨章風謠而區分曲通萬殊而不雜眞洽見之奇書不刊之碩記也余少玩雅訓旁味方言

方言序　一

图二十三　晋郭璞《方言序》

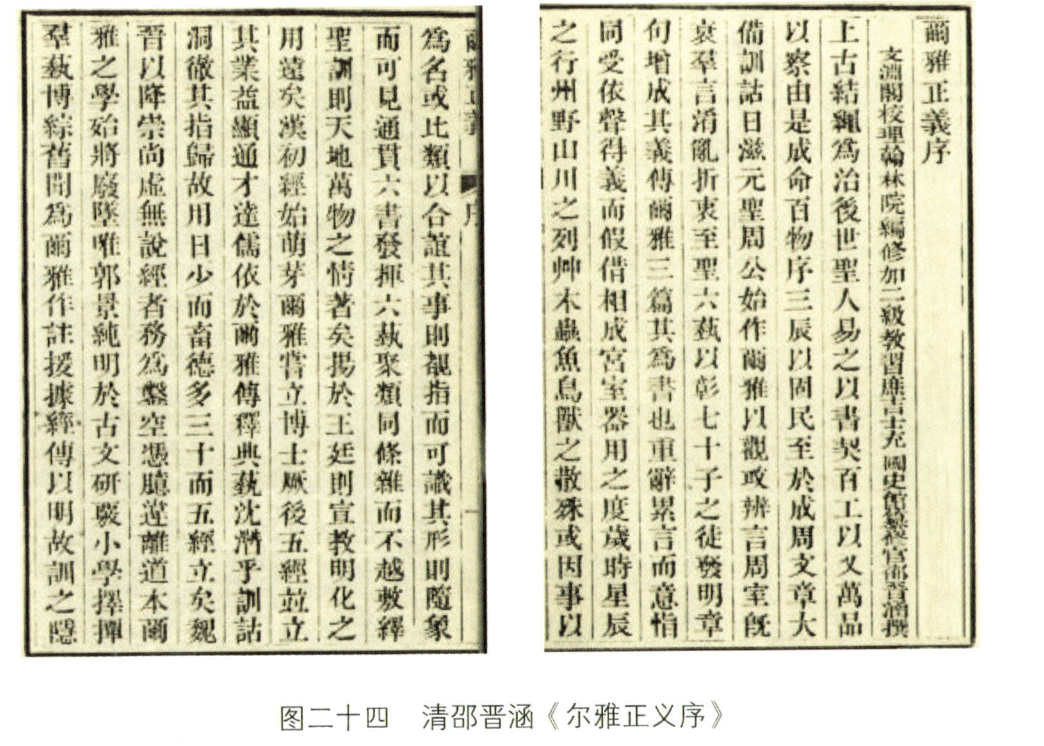

爾雅正義序

文淵閣校理翰林院編修加二級教習庶吉士充國史館纂修官邵晉涵撰

上古結繩爲治後世聖人易之以書契百工以乂萬品以察由是成命百物序三辰以固民至於成周文章大備訓詁日滋元聖周公始作爾雅以觀或辨言周室既衰羣言淆亂折衷至聖六藝以彰七十子之徒發明章句增成其義傳爾雅三篇其爲書也重辭累言而意恉同受依聲得義而假借相成宮室器用之度歲時星辰之行州野山川之列艸木蟲魚鳥獸之散殊或因事以

爾雅正義　序

爲名或比類以合誼其事則覩指而可識其形則隨象而可見通貫六書發揮六藝聚類同條雜而不越敷繹聖訓則天地萬物之情著矣揚於王廷則宣教明化之用遠矣漢初經始萌芽爾雅嘗立博士厥後五經竝立其業益顯通才達儒依於爾雅傳釋典藝沈潛乎訓詁洞徹其指歸故用日少而畜德多三十而五經立矣魏晉以降崇尚虛無說經者務爲鑿空憑臆遺離道本爾雅之學始將廢墜唯郭景純明於古文研覈小學擇撢羣藝博綜舊聞爲爾雅作註援據經傳以明故訓之隱

图二十四　清邵晋涵《尔雅正义序》

图二十五　上海图书馆藏清同治四年
《尔雅义疏》郝氏家刻本

图二十六　训诂、文献学家周祖谟像

图二十七　清代学者阮元像

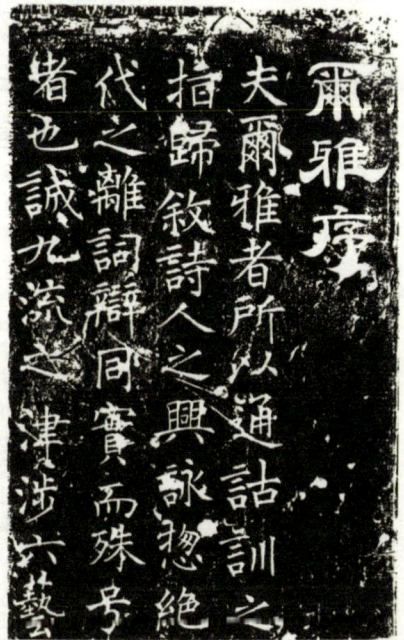

图二十九　《开成石经·尔雅序》拓本

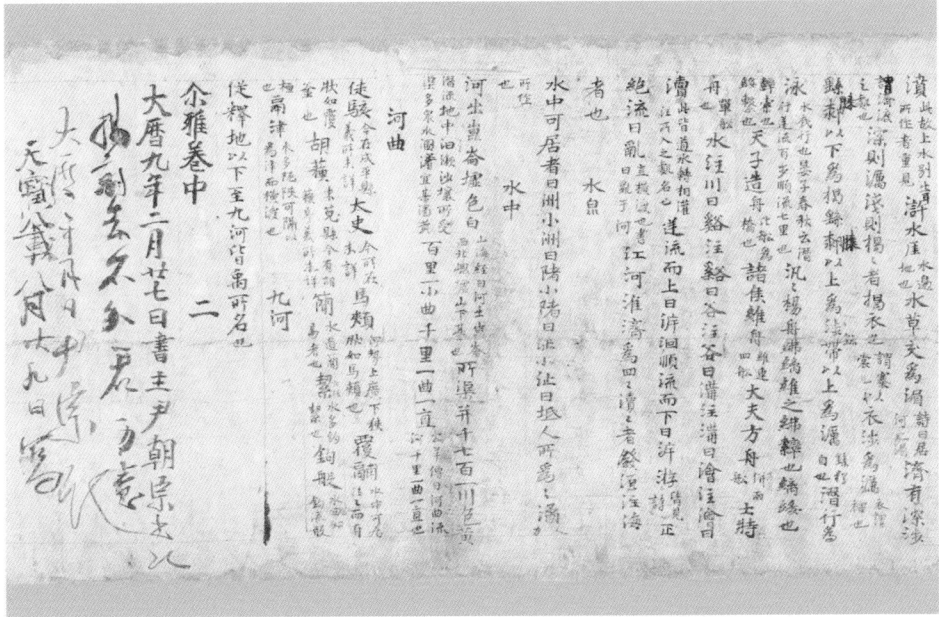

图二十八　敦煌《尔雅》写本残卷伯 2661+ 伯 3735 卷末

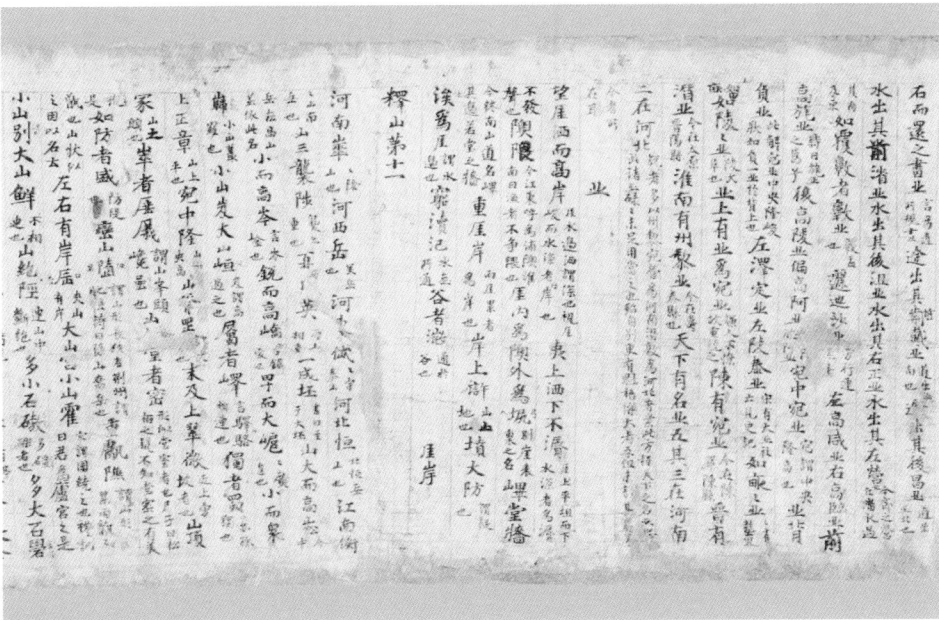

图三十　敦煌《尔雅》白文残卷伯 3719 片段

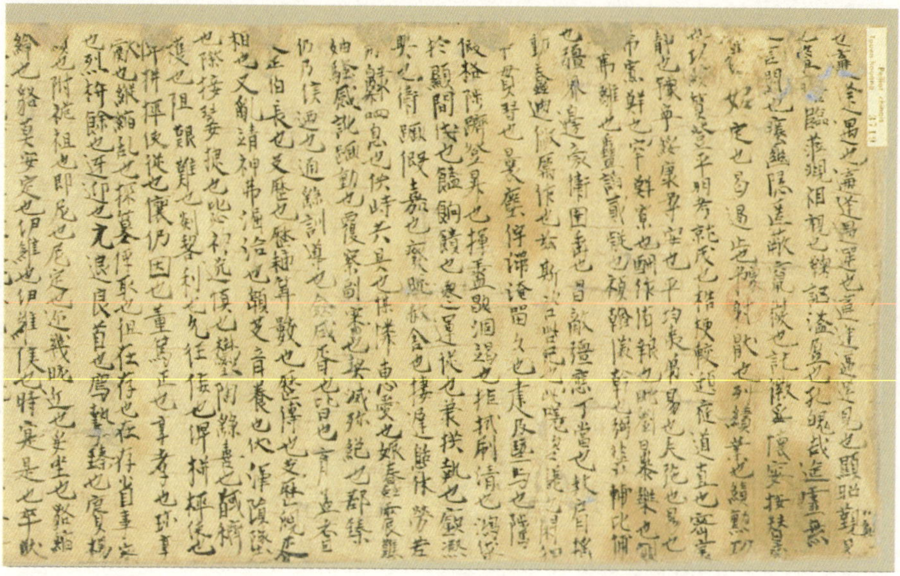

图三十一　敦煌《尔雅》郭注残卷伯 2661+ 伯 3735 片段

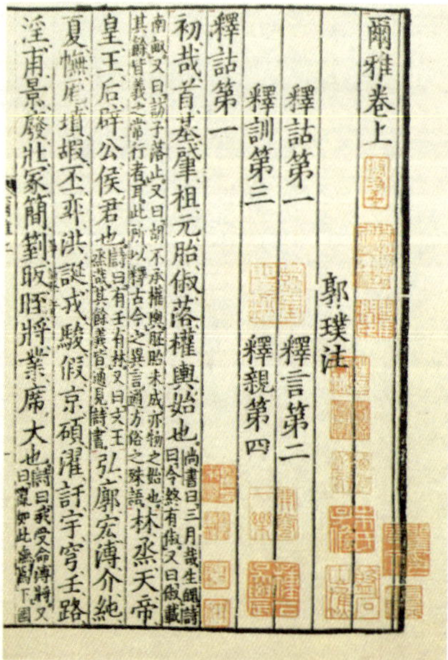

图三十二　宋刊十行本《尔雅》

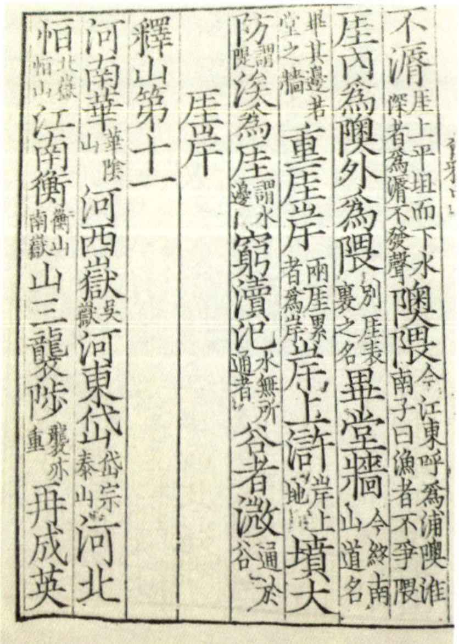

图三十三　影覆宋蜀大字本《尔雅》

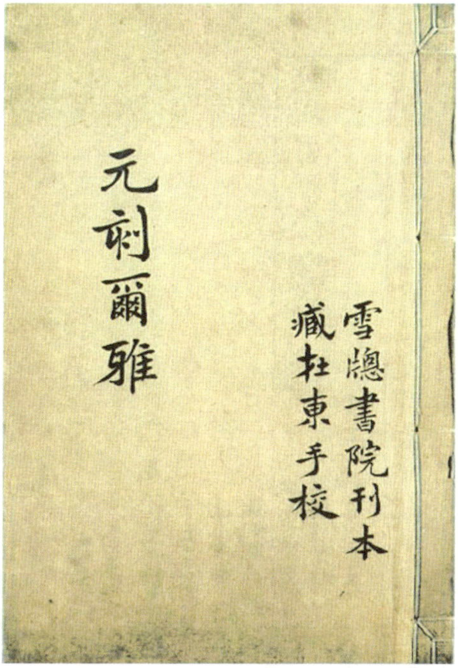

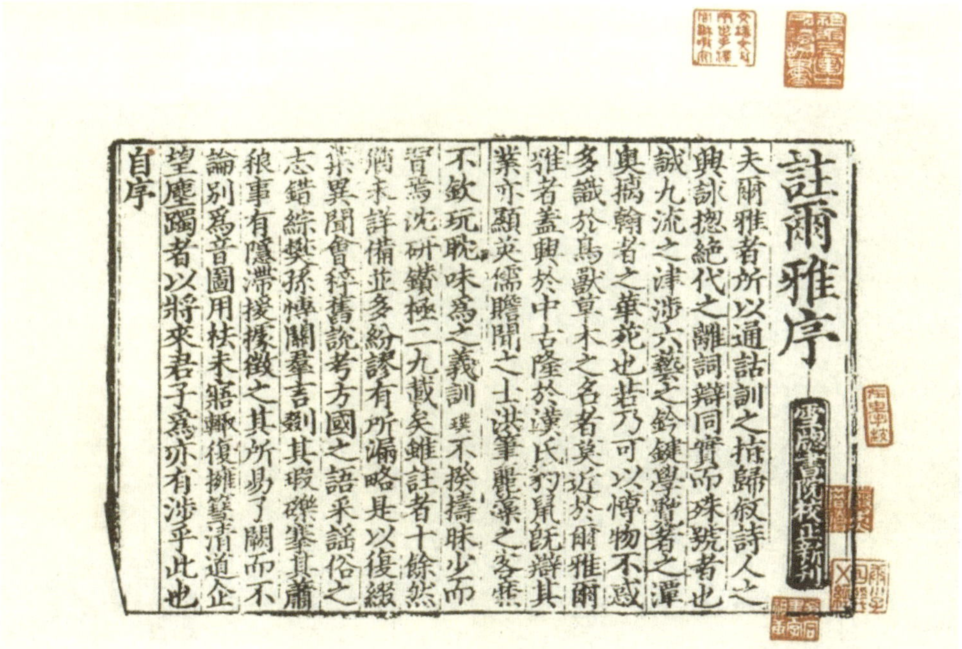
註爾雅序　雪牕書院校正新刊
夫爾雅者所以通詁訓之指歸叙詩人之
興詠摠絶代之離詞辯同實而殊號者也
誠九流之津涉六藝之鈐鍵學覽者之潭
奧摛翰者之華苑也若乃可以博物不惑
多識於鳥獸草木之名者莫近於爾雅爾
雅者蓋興於中古隆於漢氏豹鼠既辯其
業亦顯英儒贍聞之士洪筆麗藻之客靡
不欽玩耽味為之義訓璞不揆檮昧少而
習焉沈研鑽極二九載矣雖註者十餘然
猶未詳備並多紛謬有所漏略是以復綴
集異聞會稡舊說考方國之語采謠俗之
志錯綜樊孫博關羣言剟其瑕礫搴其蕭
稂事有隱滯援據徵之其所易了闕而不
論別為音圖用祛未寤輒復擁篲清道企
望塵躅者以將來君子為亦有涉乎此也
自序

图三十四　元雪窗本《尔雅》

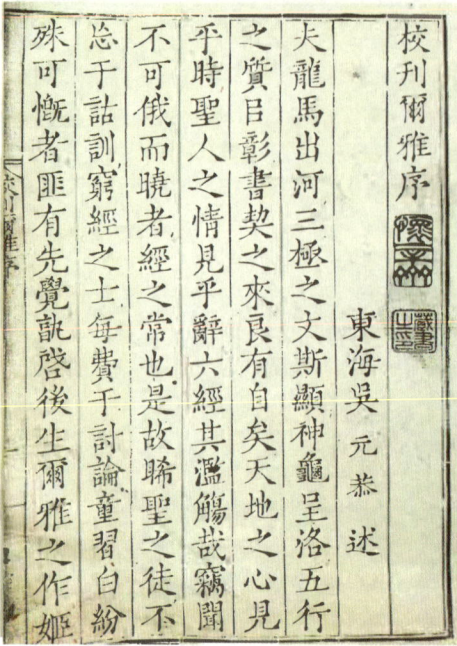

图三十五　明吴元恭本《尔雅》

图三十六　清代藏书家黄丕烈像

图三十七　日本静嘉堂文库

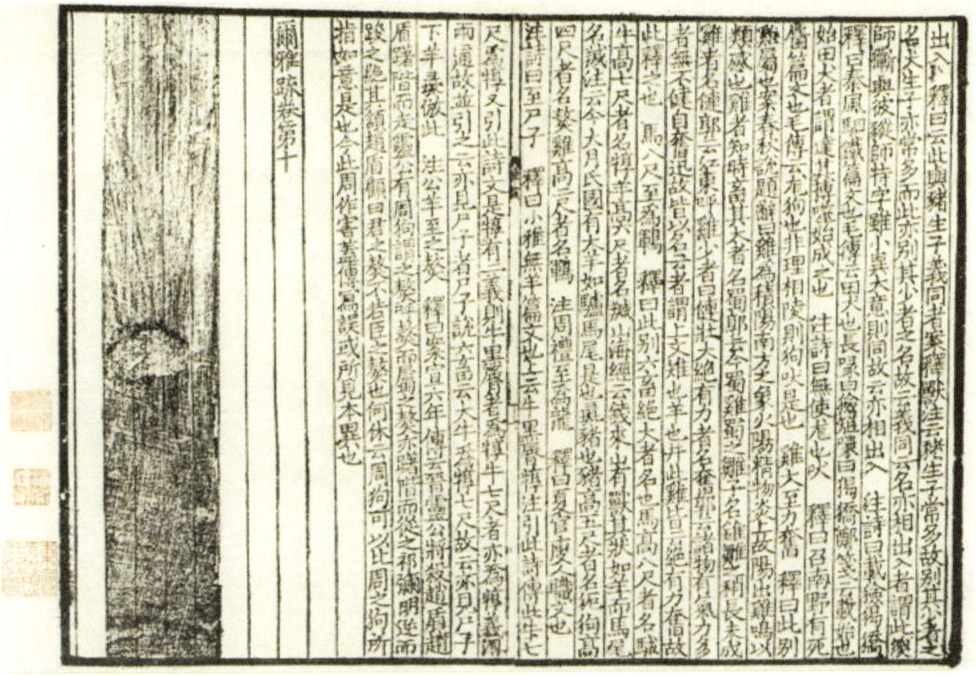

图三十八　中国国家图书馆藏宋刻宋元明初递修公文纸印本《尔雅疏》

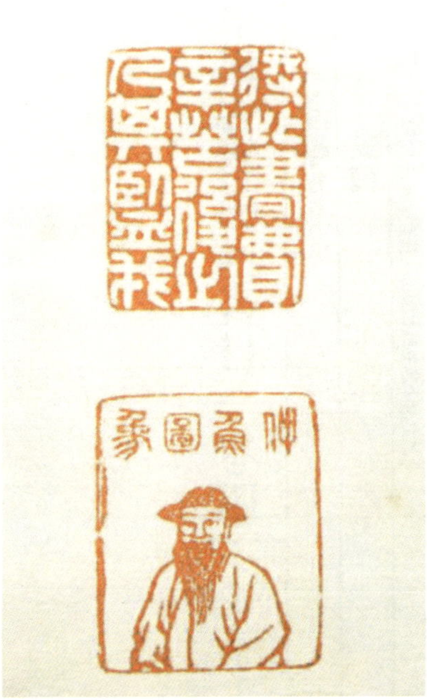

图三十九　宋刊单疏本中的藏书印

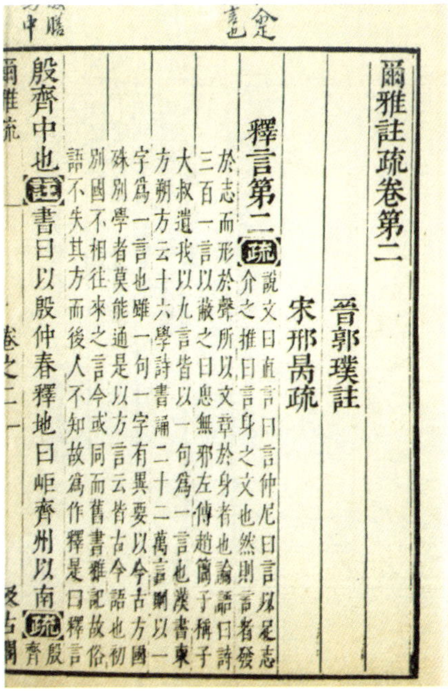

爾雅註疏卷第二

晉郭璞註

宋邢昺疏

釋言第二【疏】說文曰直言曰言仲尼曰言以足志介之推曰言身之文也然則言者發於志而形於聲所以文章於身者也論語曰詩三百一言以蔽之曰思無邪左傳趙簡子稱子大叔遺我以九言皆以一句為一言也漢書東方朔云十六學詩書誦二十二萬言則以一字為一言也雖一句一字有異要以今古方國殊別學者莫能通是以方言云皆古今語也初別國不相往來之言今或同而舊書雅記故俗語不失其方而後人不知故為作釋是曰釋言

殷齊中也【注】書曰以殷仲春釋地曰岠齊州以南【疏】殷齊

图四十　明汲古阁《尔雅注疏》本

爾雅古義　李星沅序　黃爵滋序　朱琦序　朱序本不必總序於左　本不必別於目中　十家亦均有序　慮其散著故特記之　雖為文學注　樊光注　李巡注　孫炎音注　郭璞音義　郭璞圖讚

五江都朱氏

小學考卷四

資政大夫兵部侍郎兼都察院右副都御史巡撫廣西南謝啟昆撰

訓詁二

鄭氏樵爾雅注

宋志三卷

存

宋史儒林傳曰鄭樵字漁仲與化軍莆田人好著書
不為文章自負不下劉向揚雄居夾深山謝絕人事
久之乃遊名山大川搜奇訪古遇藏書家必借醤讀
盡乃去初為經旨禮樂文字天文地理蟲魚草木方
書之學皆有論辨紹興十九年上之詔藏祕府樵歸

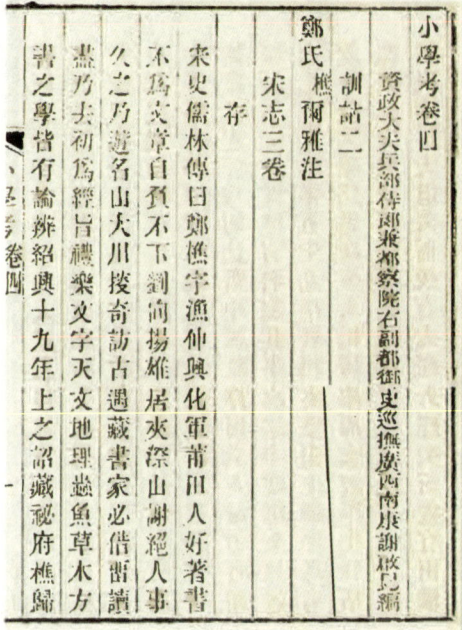

図四十一　清谢启昆《小学考》　　　　図四十二　清黄奭《尔雅古义》

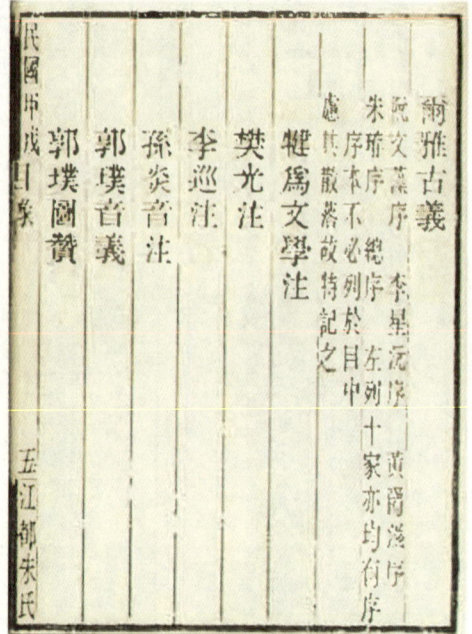

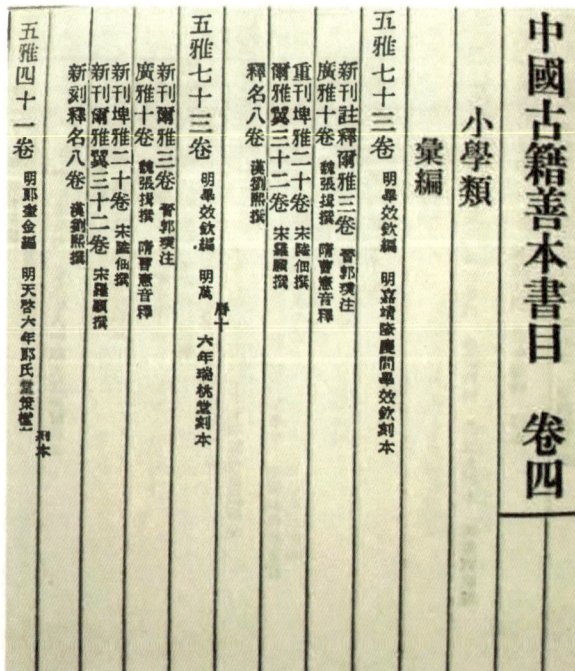

中國古籍善本書目　卷四

小學類

彙編

五雅七十三卷　明郭敔欽編　明嘉靖隆慶間郭敔欽刻本
五雅七十三卷　明郭敔欽編　明萬曆十六年瑞桃堂刻本
釋名八卷　漢劉熙撰
爾雅翼三十二卷　宋羅願撰
重刊埤雅二十卷　宋陸佃撰
新刊註釋爾雅三卷　晉郭璞注
廣雅十卷　魏張揖撰　隋曹憲音釋
新刊埤雅二十卷　宋陸佃撰
新刊爾雅翼三十二卷　宋羅願撰
新鐫釋名八卷　漢劉熙撰
五雅四十一卷　明郎奎金編　明天啟六年郎氏堂策檻刻本

図四十四　《中国古籍善本书目》所收《五雅》

《中国珍贵典籍史话丛书》序

　　书籍是记载人类文明发展历程的重要载体，是传播知识和保存文化的重要途径，它蕴藏着丰富的历史文化内涵，是人们汲取精神营养和历史经验的重要来源，在民族兴衰和文化精神的传承维系中，发挥着不可替代的作用。

　　《尚书·多士》云："惟殷先人，有册有典。"在中华民族数千年的岁月里，人们创造出浩如烟海的典籍文献。这些典籍是中华文明的结晶，是民族生存的基石和前进的阶梯。作为人类发展史上最有价值的文化遗产之一，中国古代典籍是构成世界上唯一绵延数千年未曾中断的独特文化体系的主要成分。

　　然而，在漫长又剧烈变动的历史中，经过无数次的兵燹水火、虫啮鼠咬、焚籍毁版、千里播迁，留存于世间的典籍已百不遗一。幸运的是，我们这个民族具有一种卓尔不群的品质：即对于文化以及承载它的典籍的铭心之爱。在战乱颠沛的路途上，异族入侵的烽火里，政治高压的禁令下，史无前例的浩劫中……无数的有识之士，竭尽他们的财力、智慧乃至生命，使我们民族的珍贵典籍得以代代相传，传承至今。这些凝聚着前人心血的民族瑰宝，大都具有深远的学术影响、独特的艺术魅力和突出的文物价值，是今天人们了解和学习我国优秀传统文化的宝贵实物资料。它们记载着中华民族的辉煌历史和灿烂文化，诉说着中华民族的百折不挠、临危不惧的民族精神，是先辈留给我们的宝贵精神财富。

新中国成立以来，党和国家高度重视典籍文献的保护工作。2007 年启动实施的"中华古籍保护计划"，由国家古籍保护中心（国家图书馆）负责实施，成效显著，在社会上产生了极大的反响。迄今为止，已由国务院陆续公布了四批《国家珍贵古籍名录》，收录了全国各类型藏书机构和个人收藏的珍贵古籍 11375 部，并拨付专项资金加以保护。可以说，这是一项前所未有的伟大事业。

尽管我国存世的各种典籍堪称汗牛充栋，但为典籍写史的著作却少之又少，许多典籍所蕴含的历史故事鲜为人知，如果不能及时加以记录、整理，随着时代的变迁，它们难免将逐渐湮没在历史长河中，成为中华文明传承中的一大憾事。为此，2012 年底，国家图书馆启动了"中国珍贵典籍史话丛书"项目，旨在"为书立史""为书修史""为书存史"。项目由"中华古籍保护计划"支持立项，采取"史话"的形式，选择《国家珍贵古籍名录》中收录的蕴含着丰富历史故事的珍贵典籍，用通俗的语言讲述其在编纂、抄刻、流传、收藏过程中产生的引人入胜、启迪后人的故事，揭示其与当时的政治、经济、文化和社会发展的密切关系，力图反映中国书籍历史的辉煌与灾厄、欢欣与痛楚。通过生动、多样、丰满的典籍历史画面，使人们更深入地了解和认识典籍，领略典籍的人文精神和艺术魅力，感受中华文化的深厚底蕴。

中华优秀传统文化是我们最深厚的文化软实力。"中国珍贵典籍史话丛书"是以人们喜闻乐见的方式弘扬中华民族博大精深的灿烂文化，使书写在古籍里的文字活起来的一次有益尝试。丛书力求为社会公众提供普及读物，为广大文史爱好者和从业人员提供学习资料，为专家学者提供研究参考。其编纂主要遵循两个原则：一是遵循客观，切近史实。本丛书是关于典籍的信史、正史，而非戏说、演义。因此，每一种史话都是作者钩沉索隐、多方考证的结果，力求言之有据，资料准确，史实确凿，观点审慎；二是通俗生动，图文并茂。本丛书旨在让更多的人了解和热爱中华典籍，通过典籍深入理解中华文化。相对于一般学术著作，它更强调通俗性和生动性，以史话的方式再现典籍历史，雅俗共赏，少长咸宜。

我们真切地希望，通过这套丛书，生动再现典籍的历史，使珍贵典籍从深闺中走出来，进入公众的视野，走进每位爱书人心中，教育和启迪世人，推动"关爱书籍，热爱阅读"的社会风气的形成，让承载着中华文明的典籍在每个人心中长留悠远的书香，为提升全民族文化素养、推动传统文化与时代精神的融合发展做出积极贡献。

"中国珍贵典籍史话丛书"项目自启动以来，得到了社会各界的广泛关注和专家学者的大力支持。一批有较高学术造诣的专家学者直接参与了丛书的策划和撰稿工作，并对丛书的编纂工作积极建言献策，给予指导。借此机会，深表感谢。以史话的形式为书写史，尚属尝试，难免有疏漏、不妥之处，敬请专家学者批评指正，也欢迎广大读者提出宝贵意见和建议。

韩永进

2014 年春于北京

目 录

《中国珍贵典籍史话丛书》序   1

第一章 《尔雅》是一部什么样的经书   1

第一节 《尔雅》的书名   1

第二节 《尔雅》的作者与成书年代   4

一、《尔雅》为孔子门人所作   5

二、《尔雅》为周公所作   5

三、《尔雅》为秦汉学者所纂集   6

第三节 《尔雅》的篇卷与序次   8

一、《尔雅》的篇卷   8

二、《尔雅》的序次   11

第四节 作为经学梯航的《尔雅》   16

一、《尔雅》的分类及其旨趣   16

二、汉文帝时设《尔雅》博士   19

三、《尔雅》与历代石经   20

第五节 《尔雅》与《说文解字》   21

一、《尔雅》与《说文》的分类沿革   22

二、《尔雅》与《说文》在学术上的相互关系与异同   27

第六节 作为读书种子的《尔雅》   33

第二章 古代自然和社会知识的渊薮   37

第一节 《尔雅》内容提要   37

一、《释诂》《释言》《释训》   37

二、《释亲》   39

三、《释宫》   40

四、《释器》   41

五、《释乐》   42

六、《释天》   43

七、《释地》《释丘》《释山》《释水》   44

八、《释草》《释木》   47

九、《释虫》《释鱼》《释鸟》《释兽》《释畜》   49

第二节 《尔雅》与百科全书   54

一、什么是百科全书   54

二、古代知识的完整体系   55

三、古代教育的文献工具   56

四、百科词典与百科全书   57

第三节 训诂学的鼻祖   59

一、同训   60

二、互训   62

三、递训   63

四、反训   63

五、声训   64

六、义界   65

　　七、训诂术语　　　　　　　　　　　　　　66

　　八、开尔雅派训诂的先河　　　　　　　　68

第三章　《尔雅》的注本　　　　　　　　75

　第一节　郭璞《尔雅注》　　　　　　　　75

　　一、郭注《尔雅序》　　　　　　　　　76

　　二、《尔雅注》释例　　　　　　　　　77

　　三、郭璞的《尔雅音义》与《尔雅图谱》　82

　第二节　陆德明《尔雅音义》　　　　　　83

　　一、《经典释文序录》　　　　　　　　84

　　二、《尔雅音义》释例　　　　　　　　86

　第三节　邢昺《尔雅疏》　　　　　　　　93

　　一、根据《邢疏》了解《郭注》旨意　　94

　　二、《邢疏》多引书证而保存文献　　　94

　　三、《邢疏》可补《郭注》阙略　　　　95

　　四、《邢疏》已知声义兼通　　　　　　95

　　五、《邢疏》随事指陈《尔雅》释例　　96

　第四节　邵晋涵《尔雅正义》　　　　　　96

　　一、增校审定　　　　　　　　　　　　97

　　二、绎其义蕴　　　　　　　　　　　　97

　　三、兼采分疏　　　　　　　　　　　　98

　　四、补所未备　　　　　　　　　　　　98

　　五、以书证注　　　　　　　　　　　　98

六、保存古音 99

七、详辨名物 99

第五节 郝懿行《尔雅义疏》 100

一、形 101

二、音 102

三、义 103

四、释例 106

五、校补 107

第六节 周祖谟《尔雅校笺》 110

一、提出了独到的见解 110

二、选取了具有代表性的底本和校本 111

三、采用了敦煌写本等新史料 112

四、为经文和注文进行了加点句读 112

第七节 朱祖延《尔雅诂林》 113

一、《尔雅诂林》众本均备 113

二、《尔雅诂林》择本精善 115

三、《尔雅诂林》编排有序 116

第四章 《尔雅》的版本与流传 122

第一节 唐石经与写本《尔雅》 123

一、石经上的《尔雅》 123

二、写木上的《尔雅》 125

第二节 单注本《尔雅》 127

一、宋刊十行本《尔雅》 127

二、宋蜀大字本《尔雅》 128

三、宋刊监本《尔雅》 129

四、元雪窗本《尔雅》 130

五、明吴元恭本《尔雅》 131

第三节　单疏本《尔雅》 132

一、经典单疏本的故事 133

二、皕宋楼藏宋刊单疏本《尔雅》 133

三、中国国家图书馆藏宋刊单疏本《尔雅》 134

第四节　注疏本《尔雅》 135

一、《尔雅》不同版本的分卷对照 135

二、元刊明修本《尔雅注疏》 137

三、明清其他注疏本 137

第五节　音义本《尔雅》 138

一、《经典释文》 138

二、注、音义本 139

第五章　《尔雅》研读方法 140

第一节　目录导读法 140

一、清谢启昆《小学考》 140

二、清黄奭《尔雅古义》总序 141

三、清胡元玉《雅学考》 143

四、黄侃《尔雅略说》 144

　　五、周祖谟《续雅学考拟目》　　　　　　144

　　六、《中国丛书综录》子目经部"尔雅类"　146

第二节　发凡起例法　　　　　　　　　　148

　　一、（清）陈玉澍《尔雅释例》　　　　148

　　二、王国维《尔雅草木虫鱼鸟兽释例》　151

第三节　参看内证法　　　　　　　　　　155

第四节　《说文》互证法　　　　　　　　157

　　一、明《说文》所本　　　　　　　　　157

　　二、明《尔雅》释义　　　　　　　　　158

　　三、《尔雅》《说文》互校错讹　　　　159

第五节　群雅补证法　　　　　　　　　　160

后　记　　　　　　　　　　　　　　　　163

第一章 《尔雅》是一部什么样的经书

　　《尔雅》是中国古代重要的经书之一，也是有关中国古代语言文字的重要文献，还被誉为中国第一部百科全书。自战国至西汉时期《尔雅》逐渐成书，在之后两千多年的发展中，其独特的文化价值受到了历代学者的重视，并得到了很高的评价。历代学者将《尔雅》喻为阅读经书的"户牖"和"襟带"，具有"要津"和"梯航"的工具导读功能。《尔雅》全书篇幅不大，经文 1313 字，加上晋郭璞注文 7890 字，总计不到 1 万字，但内容十分丰富，举凡中国古代社会科学和自然科学的诸多领域都有所涉猎，可以看作是古代的知识渊海。那么，《尔雅》究竟是如何产生的？它记载了哪些内容并具有什么样的性质？它有哪些珍贵的版本并流传至今？它在中国文化发展历史上具有什么样的地位？今天的读者如何来阅读这部古代的经典之作？要回答以上这些问题，首先要从《尔雅》的书名说起。

第一节 《尔雅》的书名

　　《尔雅》书名的含义，就是接近雅言，即接近当时的普通话的意思。自《尔雅》问世之后，许多学者都曾给《尔雅》的书名作了解释，较为著名的有以下几位：

　　一是汉末训诂学家刘熙（字成国，北海①人），他在所著《释名·释典艺》中认为："尔，昵也；昵，近也。雅，义也；义，正也。五方之言不同，皆以近正为主也。"②意思是说，"尔"是接近的意思，"雅"则是规范标准的意思，各地的方言不同，都应以接近标准的语言文字为规范。

　　二是三国魏学者张晏（字子传，中山③人），他在所著《汉书音释》中与刘熙持有相同的看法，他也认为："尔，近也；雅，正也。"④

　　三是唐代经学家陆德明（约550—630，名元朗，字德明，以字行，苏州吴⑤人），他在所著《经典释文序录》中认为："《尔雅》者，所以训释五经，辨章同异，实九流之通路，百氏之指南，多识鸟兽草木之名，博览而不惑者也。尔，近也；雅，正也。言可近而取正也。"⑥在这里，陆德明不仅解释了《尔雅》的书名，并阐述了这部书不仅具有训释经典文献和诸子百家的功能，还具有多识世间万物、博览不惑的功能。

　　以上历代学者都解释"尔""雅"为接近雅言的意思，何以言之？我们可以从这两个字的形、音、义的诸多角度来进行深入的讨论。

　　尔，繁体字写作"爾"。东汉文字学家许慎（约58—约147，字叔重，汝南召陵⑦人）（图一）《说文解字》（以下简称《说文》）卷三㸰部："尔，

---

① 今山东昌乐西。
② （清）王先谦：《释名疏证补》，中华书局，2008年，第214页。
③ 今河北正定。
④ （汉）班固：《汉书·艺文志》"《尔雅》三卷二十篇"注文，中华书局，1962年，第1719页。
⑤ 今江苏吴县。
⑥ （唐）陆德明：《经典释文》，中华书局，1983年，第17页下栏。
⑦ 今河南漯河市召陵区。

丽尔，犹靡丽也。"①"丽尔"为当时的古语，"靡丽"为当时的今语。许慎在这里用当时的今语解释当时的古语。所谓丽尔、靡丽，即明白的意思。"尔"之所以解释为"近"，是由于"尔"字与"迩"字相通。《说文》卷二辵部："迩，近也。"《尚书·商书·仲虺之诰》篇中有这样的话："惟王不迩声色。"西汉经学家孔安国(字子国，孔子后裔)注云："迩，近也。"②因此，人们便把浅近的话称为"迩言"。例如《诗经·小雅·小旻》："维迩言是听。"意为只肯听些浅陋的话，对当年幽王决策中的错误进行了揭露和讽刺。又如《礼记·中庸》："舜好问而好察迩言。"意为舜既善于问询以资政，又善于辨察亲近的话，隐恶而扬善，以达到中庸的境界。

雅，本义为鸟名。《说文》卷四隹部："雅，楚乌也。"但"雅"字在文献中多解释为"正"。清代文字训诂学家段玉裁(1735—1815，字若膺，号茂堂，江苏金坛人)《说文解字注》认为，"雅"之所以解译为"正"，"皆属假借"③。如《论语·述而》："子所雅言，《诗》《书》执礼，皆雅言也。"意为孔子有用普通话的时候，读《诗》，读《礼》，行礼，都用普通规范的语言。这里讲的雅言，意为正言，即当时的普通话。《荀子·王制》："使夷俗邪音，不敢乱雅。"这里，把"雅"与"夷俗邪音"相对，表示规范、正确。所以古人把规范的标准语称为"雅言"。

"尔雅"连文，意为近于雅正，依于规范。西汉经文礼学家戴德在所选编的《大戴礼记·小辨》中提到了"尔雅"："是故循弦以观于乐，足

---

① (汉)许慎：《说文解字》，中华书局，1963年，第70页上栏，下引《说文解字》版本同，不一一注释。

② (汉)孔安国传，(唐)孔颖达正义：《尚书正义》，上海古籍出版社，2007年，第292页。

③ (清)段玉裁：《说文解字注》，上海古籍出版社，1981年，第141页上栏。

以辨风矣；《尔雅》以观于古，足以辨言矣。"① 这是《尔雅》作为书名较早的文献记载。意为循乎琴弦以观察风俗，近乎雅正以考证历史。关于"尔雅"一词还有几个较早的文献出处。如《史记·儒林传》："文章尔雅，训辞深厚。"② 意为当年的诏书文章雅正，训辞都有深厚的寓意。又如《汉书·艺文志》"书家类"序："古文读应尔雅，故解古今语而可知也。"③ 意为阅读古文应当近于雅正，依于规范，这样就可以训解古代和当今语言之间的不同。由于时间、空间的变化，语言文字会形成古今的差异和地域的不同，《尔雅》的产生就是为了克服时间和空间给人们在语言上所形成的种种障碍，训释古今和各地不同的语言词汇，形成相对统一规范的语言解释工具。东晋文学家、训诂学家郭璞（276—324，字景纯，河东闻喜④人）在《尔雅序》中对《尔雅》在古代经典中的解古今语的工具功能作了精要的阐述："夫《尔雅》者，所以通诂训之指归，叙诗人之兴咏，总绝代之离词，辩同实而殊号者也。"⑤ 这就把《尔雅》的性质和功能讲清楚了。

第二节　《尔雅》的作者与成书年代

同古代诸多文献一样，关于《尔雅》一书的作者及成书年代，历来众说纷纭。综而论之，主要有以下三种观点。

① （清）王聘珍：《大戴礼记解诂》，中华书局，1983 年，第 206 页。
② （汉）司马迁：《史记》，中华书局，1959 年，第 3119 页。
③ （汉）班固：《汉书》，中华书局，1962 年，第 1707 页。
④ 今属山西。
⑤ （晋）郭璞注，（宋）邢昺疏：《尔雅注疏》，上海古籍出版社，2010 年，第 4 页。下引《尔雅注疏》版本同，不一一注释。

一、《尔雅》为孔子门人所作

这一观点较早出自东汉经学家郑玄（127—200，字康成），他认为："玄之闻也，《尔雅》者，孔子门人所作，以释六艺之言，盖不误也。"①

二、《尔雅》为周公所作

这一观点，主要源出于三国魏训诂学家张揖，他在《上广雅表》（图二）中讲：

> 臣闻昔在周公，缵述唐虞，宗翼文武，克定四海，勤相成王，践阼理政，日昃不食，坐而待旦，德化宣流，越裳俸贡，嘉禾贯桑，六年制礼，以导天下。著《尔雅》一篇，以释其意义。传乎后嗣，历载五百，《坟》《典》散落，唯《尔雅》恒存。《礼·三朝记》："哀公曰：'寡人欲学小辨以观于政，其可乎？'孔子曰：'《尔雅》以观于古，足以辩言矣。'"《春秋元命包》言："子夏问夫子，作《春秋》不以初哉首基为始何？"是以知周公所造也。率斯以降，超绝六国，越逾秦楚，爰暨帝刘，鲁人叔孙通撰置《礼记》，文不违古。今俗所传三篇《尔雅》，或言仲尼所增，或言子夏所益，或言叔孙通所补，或言沛郡梁文所考，皆解家所说，先师口传，既无正谳，圣人所言，是故疑不能明也。②

意思是说，当年周公（西周初人，姓姬名旦，也称叔旦，周文王子，周武王弟）所著《尔雅》，曾流传了500年，其他文献都亡佚了，但只有《尔

---

① （清）阮元：《十三经注疏》，上海古籍出版社，1980年，第330页下栏。
② （清）王念孙：《广雅疏证》序文，江苏古籍出版社，1984年，第3页。

雅》一直流传下来，而古代文献中也多处引用。但《尔雅》的作者有不同的传闻，都是解家和先师的口头传说，因为没有确切的证据来进行验证，所以《尔雅》的作者就只能存疑了。张揖在这里提出《尔雅》作者为周公的假说，后世持同样观点者代不乏人。

三、《尔雅》为秦汉学者所纂集

唐代经学家孔颖达（574—648）在《毛诗正义》疏文中说："《尔雅》之文杂，非一家之注，不可尽据以难《周礼》。"①说明早已有人认识到《尔雅》非一家一人所作。宋代文学家欧阳修（1007—1072）对以上"孔子门人成书说"和"周公成书说"大胆地提出了怀疑，他在《诗本义》中曾提出，《尔雅》非圣人之书，不能无失，考其文理，乃是秦汉之间学《诗》者纂集，说《诗》博士解诂。他认为《尔雅》并非孔子、周公等圣人之书，从该书的行文词语的逻辑进行分析，应该是秦代至汉代间研究《诗经》的学者汇编的成果。欧阳修此说一出，使人耳目一新，后来清代的《四库全书总目提要》也采用了这一说法，认为《尔雅》"大抵小学家缀辑旧文，递相增益，周公、孔子，皆依托之词"②。

以上三种看法，大致代表了《尔雅》作者及成书年代的各种观点，这三种看法各有所据，现学术界较多地倾向于第三种观点，但对成书起始年代看法略有不同。如周祖谟（1914—1995，字燕孙，杭州人）在《尔雅校笺》序中认为："从这部书的内容看，有解释经传文字的，也有解释先秦子书的，其中还有战国秦汉之间的地理名称。这样看来，《尔雅》这部书

---

① （清）阮元：《十三经注疏》，上海古籍出版社，1980年，第538页中栏。
② （清）永瑢等：《四库全书总目》，中华书局，1965年，第339页上栏。

大约是战国至西汉之间的学者累积编写而成的。"[1]当然，究竟以何说为是，还有待学术界的进一步研究以及历史文献新材料的发现。尽管如此，有几个问题还是可以搞清楚的：

第一，《尔雅》非出自一人之手。关于这一点，古代不少学者都这样认为。三国魏张揖、唐代陆德明都曾明确地认为《尔雅》一书始于周公，后由孔子、子夏（前507—？，姓卜，名商，字子夏）、叔孙通（曾为秦博士，西汉初薛县[2]人）、梁文增益补足。清代的《四库全书总目》在《尔雅注疏》提要中也认为《尔雅》是秦汉间学者纂集或小学家递相增益所成。

第二，《尔雅》非出于一时之作。既然《尔雅》非出自一人之手，且纂集《尔雅》的学者或小学家又处于不同的时代，《尔雅》非出于一时之作也就不言而喻了。郭璞在《尔雅序》中认为，《尔雅》"兴于中古，隆于汉世"，意谓《尔雅》兴起于西周时期的周文王和周公，隆盛于汉代，从而把《尔雅》成书和发展时代的上限和下限点明了。从《尔雅》一书的内容来看，有解释古代经传文字的，也有解释先秦子书的，偶而还能看到汉代地理的名称。《四库全书总目》在《尔雅注疏》提要文字中也列举了一些这方面的例子："今观其文，大抵采诸书训诂名物之同异，以广见闻，实自为一书，不附经义。如《释天》云：'暴雨谓之涷，'《释草》云：'卷施草拔心不死，'此取《楚辞》之文也。"[3]此外还有取自《庄子》《列子》《穆天子传》《管子》《山海经》《尸子》《国语》等各类文献的例子。正是由于《尔雅》非一人一时所作，所以将《尔雅》看作是某人或某时所作，

---

① 周祖谟：《尔雅校笺》，江苏教育出版社，1984年，第1页。

② 今山东滕州南。

③ （清）永瑢等：《四库全书总目》上册经部小学类《尔雅注疏》十一卷提要，中华书局，1965年，第339页上栏。

就不可避免地会同《尔雅》的篇卷内容以及历史上的文献记载发生矛盾。这也是《尔雅》的作者及成书年代至今讨论不止的症结所在。

第三，《尔雅》与古书训诂同异并存。《尔雅》的训释材料多取自古书训诂传注，但它同古书的训诂传注有不尽相同的一面，不可相提并论。《尔雅》作为词典，体现了词义的归纳、概括、抽象，而古书的训诂传注则有具体的语言环境，它是随文释义式的训诂。因此，根据《尔雅》同古代诸书训诂同异多寡来论证《尔雅》的成书年代虽不失为一种有根据的考证，但仅仅如此显然是不够的，还应当运用其他材料来证明。同时，《尔雅》同古书的训诂传注又有互通的一面。《尔雅》是取传注以作，后人却以《尔雅》证传注，这一文献考据的现象正是体现了《尔雅》作为经书梯航的作用。比如文字学上有象形、指事、会意、形声、转注、假借的六书，它是从大量文字现象中归纳出来的，它同样可以用来解释各类文字现象，这同《尔雅》取自传注又用来证明传注的性质是类似的。所以《尔雅》之有《释诂》《释言》《释训》，如同《诗》之有六艺，小学之有六书，从这个角度，才能正确认识《尔雅》同古书中训诂同异的关系问题。

第三节　《尔雅》的篇卷与序次

一、《尔雅》的篇卷

东汉史学家、文学家班固（32—92）所著《汉书·艺文志》有七略，其中在《六艺略》的孝经家中曾著录了《尔雅》："《尔雅》，三卷二十篇。"这是《尔雅》一书见于古代目录文献之始。那么为什么在这里著录《尔雅》时卷篇并称，而且篇与卷的数字又不一样呢？这是因为，我国古代造纸术发明之前，书籍的载体主要是竹简和缣帛。从书籍计数单位而言，竹简多用"篇"，缣帛多用"卷"，而汉代竹帛并行，所以卷篇并称。在《汉书·艺文志》中，这样的例子很多，如：

《欧阳章句》三十一卷（《六艺略》"书"家）

《欧阳说义》二篇（《六艺略》"书"家）

《海中星占验》十二卷（《数术略》"天文"家）

《图书秘记》十七篇（《数术略》"天文"家）

其中还有同一部书卷篇并称的例子，如：

《尚书古文经》四十六卷，注：为五十七篇（《六艺略》"书"家）

《春秋古经》十二篇，《经》十一卷（《六艺略》"春秋"家）

根据汉代书籍发展的历史，我们可以从《汉书·艺文志》的著录中推测出两种情况：一种是汉代流行的《尔雅》有用竹简写的，也有用缣帛写的，用竹简写的成为二十篇，用帛书写的成为三卷。另一种是篇卷作为书籍的计量单位，竹书和帛书可以通用，因为古代竹简编连成卷，故竹可用卷计数；而帛一卷之中亦可析为数篇，故帛亦可用篇计数。《尔雅》无论是用竹简还是缣帛，如用"卷"计，则为三卷；如用"篇"计，则为二十篇。《尔雅》在汉代究竟是用竹简还是用缣帛，现在没有实物证明，不得而知。但是从《尔雅》校勘的情况来分析，或有竹简的例子。因此，认为当时有用竹简书写的《尔雅》，还是比较可信的。这还有待于新的考古发现予以证明。

关于《尔雅》篇卷的故事，我们还可以从张揖的《上广雅表》中得到更深入的信息。张氏在《上广雅表》中提到周公"著《尔雅》一篇，以释其意义"，又提到"今俗所传三篇《尔雅》"。张揖在这里讲的"篇"即是"卷"，何以言之？因为《汉书·艺文志》中《尔雅》著录为"三卷"，同张揖《上广雅表》中所讲的数字相同。张揖是三国时期魏国人，他所看到的《尔雅》，显然是从汉代流传下来的，在篇卷方面应该不会有很大的差别。另外，张揖所著《广雅》，正是为增广《尔雅》所作，而《广雅》分为上中下三卷，与《尔雅》卷数相符；而其内容亦依《尔雅》旧目，分为诂、言、训、亲、宫、器、乐、天、地、丘、山、水、草、木、虫、鱼、鸟、兽、畜等十九篇。这就可以证明张揖的"篇"，即《汉书·艺文志》的"卷"。后来唐代的陆德明不了解其中的奥妙，把张揖所讲的"今俗所传三篇"中的"篇"同《汉书·艺文志》"二十篇"中的"篇"看成了一回事，把《尔雅》一篇（卷）错误地认为是周公所作《释诂》一篇，即二十篇之一，这样就把表示古代书籍单位的篇卷概念搞错了。

关于《尔雅》的篇卷，我们还可以进一步提出疑问：《汉书·艺文志》著录有《尔雅》二十篇，今所见《尔雅》仅十九篇，何以脱去一篇？郭璞《尔雅注》时已仅存十九篇。究竟是《尔雅》篇卷脱佚由来已久，还是《尔雅》文献本身著录数字的异同所引起的问题？对此，学术界历来有不同的看法。有的学者认为《尔雅》原本有序篇。唐代孔颖达在《诗·周南·关雎》疏文中曾引用了《尔雅序》篇的文字："《尔雅序》篇云，《释诂》《释言》，通古今之字，古与今异言也；《释训》，言形貌也。"[1]据此，

---

[1] （清）阮元：《十三经注疏》，上海古籍出版社，1980年，第269页上栏。

可知《尔雅》除十九篇外，尚有《尔雅序》一篇，正合《汉书·艺文志》二十篇之数。清末学者王先谦（1842—1917）的《汉书补注》以及清末学者陈玉澍（1853—1906，字惕庵，建湖上冈①人）的《尔雅释例》均认为《尔雅序》是《汉书·艺文志》二十篇之一，《尔雅序》篇亡佚，所以今本《尔雅》仅存十九篇。还有的学者认为《尔雅·释诂》篇原本为上下两篇。清代学者宋翔凤（1776—1860）在给《尔雅义疏》所作的序中认为："今《尔雅》十九篇，愚意以为《释诂》文多，旧分二篇。"②但宋氏又不否定《尔雅》尚有序篇，两说并存，莫衷一是。清代学者翟灏（？—1788）所著《尔雅补郭》则认为《尔雅》本有《释礼》一篇，与《释乐》相次，"祭名""讲武""旌旂"三章，盖《释礼》之残文，遗存在《释天》篇之末。

《释诂》原先是否分为两篇？从《释诂》丰富的内容来看，可以这样推测，但无实证，难以据信。尽管唐代的孔颖达曾引用了序篇，但早在三国魏的张揖，其《广雅》中并没有留下关于序篇的相关信息，亦没有《释礼》篇，之后东晋的郭璞对这些也无所言及，这就很值得怀疑。《尔雅》十九篇，除今存十九篇外，另外一篇究竟何指，只能存以待考。

二、《尔雅》的序次

《尔雅》尽管非出自一人之手，但它的析卷分篇和序次排列却包含了作者的主观意图，有着内在的逻辑关系。

首先，《尔雅》分篇序次可以按语言词汇学分为两大类。今天我们所看到的《尔雅》共分为十九篇，其序次为：

---

① 今属江苏盐城市。

② （清）宋翔凤：《尔雅义疏序》，载清郝懿行《尔雅义疏》，上海古籍出版社，1983年，正文前序。

（一般语词）《释诂》《释言》《释训》

（专门语词）《释亲》《释宫》《释器》《释乐》

《释天》《释地》《释丘》《释山》

《释水》《释草》《释木》《释虫》

《释鱼》《释鸟》《释兽》《释畜》

如果我们从语言词汇学的角度来加以划分，则十九篇可以分为两大类，《释诂》以下三篇为一般语词，可以归为一大类；《释亲》以下十六篇为专门语词或特殊语词，可以归为另一大类。

作为一般语词的《释诂》《释言》《释训》，其中的分篇有什么寓意呢？清代训诂学家郝懿行（1757—1825，字恂九，一字寻韭，号兰皋，清山东栖霞[①]人）在所著《尔雅义疏》（以下简称《郝疏》）中《释言第二》认为："言与诂异。诂之为言古也，博举古人之语而以今语释之也。言之为言衍也，约取常行之字而以异义释之也。言即字也，释言即解字也，古以一字为一言，此篇所释，皆单文起义，多不过二三言，与《释诂》之篇动连十余文而为一义者殊焉。"在《释训第三》中又指出："训者，《释诂》云道也，道谓言说之。诂与言皆道也，不同者，《诗·关雎诂训传正义》云，训者，道也，道物之貌以告人也。故《尔雅序》篇云，《释诂》《释言》，通古今之字，古与今异言也；《释训》言形貌也。然则释训云者，多形容

---

① 今山东烟台。

写貌之词，故重文叠字累载于篇。"①郝氏在这里把《释诂》《释言》《释训》三篇的异同讲清楚了，《释诂》就是以今语解释古语，《释言》则多为一个字词（多不过二三字词）互相解释，《释训》则以描绘事物的形貌进行解释。清代文字学家朱骏声（1788—1858）在所著《说文通训定声》中对这三篇的异同分析得更为简洁明晰："《尔雅·释诂》者，释古言也；《释言》者，释方言也；《释训》者，释双声迭韵连语及单辞、重辞与发声助语之辞也。"②如果用现代语言学的术语来分析，则《释诂》《释言》多是解释单音节词，《释训》多是解释叠音词和连绵词。

其次，《尔雅》分篇序次的非并列关系。《释诂》《释言》《释训》三篇之后，就是《释地》《释丘》《释山》《释水》四篇。这四篇虽独立成篇，但并不是并列的关系。清代训诂学家邵晋涵（1743—1796，字与桐，号二云，又号南江，浙江余姚人）在所著《尔雅正义》（以下简称《邵疏》）中认为："下篇递及于丘与山川者，《大戴礼记·易本命》云：'凡地东西为纬，南北为经。山为积德，川为积刑。高者为生，下者为死。丘陵为牡，溪谷为牝。'是丘与山川俱统于地，故《释丘》《释山》《释水》以次分释焉。"③可见，地、丘、山、水四篇均为地理之事，以《释地》为统领，下面细分为《释丘》《释山》和《释水》，也可总称为"释地"。这是《尔雅》分篇中主从关系的例子。

还有分篇多寡分释关系的例子，如《释器》和《释乐》篇依次为序，

① （清）郝懿行：《尔雅义疏》，上海古籍出版社，1983年，第353页、531页，下引《尔雅义疏》版本同，不一一注释。

② （清）朱骏声：《说文通训定声》，中华书局，1984年，第417页上栏。

③ （清）邵晋涵：《尔雅正义》卷十《释地》第九，乾隆戊申（1788）夏余姚邵氏家塾面水层轩藏板新镌本，下引《尔雅正义》版本同，不一一注释。

其中与音乐有关的钟磬之属也可归入器物，但由于乐器众多，故在《释器》篇之后又单独设立了《释乐》篇。又如《释虫》和《释鱼》也依次为序，鱼也可归入动物的大类，亦可称虫，如《说文》卷十一虫部云："鱼，水虫也。"但鱼类众多，故《尔雅》分释其名，在《释虫》篇之后又单独设立了《释鱼》篇。

第三，《尔雅》分篇序次的内容联系。《尔雅》的析篇分卷除了非并列关系外，在内容上也往往多有内在的关联。如《释器》篇为什么排列于《释宫》篇之后呢？《礼记·礼器》中有"宫室之量，器皿之度"的话，意为宫室的规模和器皿的容量，这些都是古代的量度的器具，而器皿正是序次于宫室之后。可见，《释宫》《释器》的前后序次是有内在联系的。又如《释山》篇为什么排列在《释地》《释丘》篇之后呢？这是基于古人对于地理的认知，所谓地之高者为山，由地凝结而成，所以《释山》篇就排列在了《释地》和《释丘》篇后面了。

第四，《尔雅》各篇内容排列的逻辑关系。《释言》篇中的训释词汇内容以"殷、齐，中也"开始，以"弥，终也"结束，这样的内容安排与《释诂》篇以"初、哉、首、基……始也"开始，以"求、酉、在、卒……终也"结束（实际上后面还有"崩……死也"句）略有不同。《释诂》篇之所以首言始末言终，《释言》篇首言中末言终，这是《尔雅》作者以"中"作为统括"始终"的意义，并以"中"来起到前后两篇承上启下的作用。

《释亲》篇按内容分为宗族、母党、妻党、婚姻四小类，此篇中开首从父母开始："父为考，母为妣。"亲属之所以要从父母开始训释，是因为中国古代文化中有"至爱至亲，无如父母"的思想，所谓"孝莫大于严父"，意为孝行中没有比遵从父亲更重要的了。[1]

《释天》篇依类分为十二小类，序次为四时、祥、灾、岁阳、岁名、月阳、月名、风雨、星名、祭名、讲武、旌旂。这样的分类排列有诸多的寓意，所谓寒暑相推而四时行焉，如果人们能够辨别这种气候的变化，根据季节的不同来从事农业生产，人与自然形成了和谐，和气育物而为"祥"；反之，人与自然不和谐，则戾气害物而为"灾"，所以在"四时"之后，"祥"类与"灾"类依次排列。古代纪岁和纪月各自有定名，所谓验天行之转，这样就把"岁阳、岁名、月阳、月名"排在后面。古人认为风雨之作与月亮有关，有"月为风雨"之说，这样就把"风雨"位次于"月阳"和"月名"之后。古代记载年月的流逝往往取验于星宿，因为星象举目而见，所谓历数难明而天验易显，所以"星名"依次排后。"祭名""讲武"和"旌旂"三类与天文的关系并不是十分密切，之所以放在《释天》篇中训释，这是由于古代祭祀注重四时的选择，而讲武也注重顺乎四时的自然规律，讲武中当然会有旌旂，这样就出现了《释天》篇最后"祭名"等三小类的序次安排。

《尔雅》的析卷分篇中还有一个需要提出来的问题：在现存的十九篇中，哪几篇分属于上卷、中卷和下卷？各种版本不尽一致。诚如周祖谟所说："古代书籍由简策发展为卷轴，篇卷的分合一般没有什么意义，只求卷轴大小粗细相称，以便插架寻检而已。《尔雅》上中下三卷篇目的分配也同样是没有什么意义的。"[2]当然，我们可以从不同版本的析卷分篇中了解到不同版本和印刷出版的一些信息。

---

[1] 汪受宽：《孝经译注》，上海古籍出版社，2004年，第42页。

[2] 周祖谟：《尔雅校笺》，江苏古籍出版社，1984年，第1—2页。

第四节　作为经学梯航的《尔雅》

经学是中国历史上训释或阐述、研究儒家经典的学问。《尔雅》作为儒家经典的训诂，作为《诗》《书》等为代表的先秦经典文献之襟带，自其产生之日起就同经学紧密地联系在一起，不仅成为经学研究的重要工具，其自身也成为重要的经书之一，先后归入了《十二经》和《十三经》。

一、《尔雅》的分类及其旨趣

中国古代在先秦已有了图书分类的萌芽，到了西汉目录学家刘向（约前77—前6）、刘歆（？—23，刘向之子）父子，更是创造了完整的图书分类法。从历代目录对《尔雅》一书的分类序次，可以了解有关中国古代文化史和思想史的信息。《尔雅》在历代目录中见于著录最早的是《汉书·艺文志》中的"六艺略·孝经家"。从晋代至宋代以前，则先后归入了经部或经部的"论语类"或"诂训类"；宋代以后，多归入经部的"小学类"。我们可以从"历代目录《尔雅》分类表"中了解这一发展的轨迹。

历代目录《尔雅》分类表

朝　代	作　者	书　名	分　类
汉	班　固	《汉书·艺文志》	六艺略·孝经家
晋	荀　勖	《中经新簿》	甲　部
刘宋	王　俭	《七志》	经典志
南朝梁	阮孝绪	《七录》	经典录
唐	魏　徵等	《隋书·经籍志》	经部·论语类
唐	毋　煚	《古今书录》	经录·诂训家

（续表）

朝 代	作 者	书 名	分 类
后晋	刘 昫等	《旧唐书·经籍志》	甲部经录·诂训类
宋	欧阳修等	《新唐书·艺文志》	甲部经录·小学类
宋	郑 樵	《通志·艺文略》	经 类
宋	王尧臣等	《崇文总目》	经部·小学类
宋	晁公武	《郡斋读书志》	经部·小学类
宋	陈振孙	《直斋书录解题》	经部·小学类
宋	尤 袤	《遂初堂书目》	经部·小学类
元	马端临	《文献通考·经籍考》	经部·小学类
元	脱 脱等	《宋史·艺文志》	经类·小学类
清	张廷玉	《明史·艺文志》	经类·小学类
清	永 瑢等	《四库全书总目》	经部·小学类·训诂

从上表中可以看出，从《汉书·艺文志》到《四库全书总目》，《尔雅》一直归于经部。人们可能会问，《尔雅》与经书有何关系？《尔雅》为何先后依附于"孝经家"和"论语类"？

先来回答第一个问题：《尔雅》与经书有何关系？《尔雅》最初是著录于"六艺略"。何为"六艺"？《汉书·艺文志》"六艺略"（图三）序："六艺之文：《乐》以和神，仁之表也；《诗》以正言，义之用也；《礼》以明体，明者著见，故无训也；《书》以广听，知之术也；《春秋》以断事，信之符也。五者，盖五常之道，相须而备，而《易》为之原。"[①]可见，"六艺"就是指的中国古代六部儒家经典，而《尔雅》就是解释这些经典文字的训诂工具。《尔雅》的训诂性质，在历代学者中都有所阐述。汉代经学家郑玄在《驳五经异义》中就认为："玄之闻也，《尔雅》者，孔子门人

---

① （汉）班固：《汉书》，中华书局，1962年，第1723页。

所作,以释六艺之旨,盖不误也。"东汉王充(27—约97)在《论衡·是应》篇中说:"《尔雅》之书,五经之训诂。"南朝梁文学理论批评家刘勰(约465—532)在《文心雕龙·练字》篇中也认为:"夫《尔雅》者,孔徒之所纂,而《诗》《书》之襟带也。"宋朝的林光甫在《艾轩诗说》中把《尔雅》看作是"六籍之户牖,学者之要津;古人之学,必先通《尔雅》,则六籍百家之言,皆可以类求矣"。清人宋翔凤在《尔雅义疏序》中则将《尔雅》称作为"训诂之渊海,五经之梯航"。可见,《尔雅》同经书的关系是多么密切。中国古代将文字、音韵、训诂之学称为"小学",以之作为攻读经书的工具,所以"小学类"向来作为经学的附庸,多列在经部之末。《尔雅》作为训诂之书,"说经之家多资以证古义,故从其所重,列之经部耳"①。

再来回答第二个问题:《尔雅》为何先后依附于"孝经家"和"论语类"?《尔雅》同《孝经》表面上似乎在目录分类上没有必然的联系,但是《汉书·艺文志》却把《尔雅》同《孝经》归在了一处,陈玉澍在《尔雅释例序》中回答了人们的这一疑问,他说:"《汉书·艺文志》六艺居首,以《易》《书》《诗》《礼》《乐》《春秋》《论语》《孝经》为次,而《尔雅》三篇二十卷,与《五经杂议》十八篇,并列于《孝经》十一家五十九篇之中,不与《史籀》《苍颉》《凡将》《急就》列于小学十家四十五篇之内,其次于《五经杂议》之后者,《尔雅》所释匪(非)一经,与《杂议》同也。其列于《孝经》者,孔子曰,弟子入则孝,出则弟(悌),行有余力则以学文,文即乐正所教之《诗》《书》《礼》《乐》,而《尔雅》为《诗》《书》《礼》《乐》之钤键,与《孝经》皆入学之初所宜诵肄。《尔

---

① (清)永瑢等:《四库全书总目》,中华书局,1965年,第339页中栏。

雅》之列于《孝经》也，犹之《弟子职》之列于《孝经》也。"《尔雅》虽然属于小学类的文献，但由于《尔雅》是解释群经的，与《五经杂议》的性质相类，故归在了一起。《弟子职》是《管子》一书的篇名，内容分为学则、番作、受业、对客、馈馈、乃食、洒扫、执烛、退习等，多记载学生事老师之礼，被认为是古代塾师教育学生的法则。《孝经》《弟子职》《尔雅》都属于古代学生刚入学时所应学习诵肄的内容，故在古代目录中就归在了一起。从《尔雅》依附于"孝经家"可以了解到《尔雅》是古代初级基础教育的重要内容。

至于《尔雅》为何依附于"论语类"，《尔雅》在经部中的前后次序是如何排列的，我们下面在讨论《尔雅》与《说文》的分类沿革时再作分析介绍。

二、汉文帝时设《尔雅》博士

博士起源于战国，为中国古代学官的名称。东汉经学家赵岐（约108—201）在《孟子题辞》（图四）中曾经介绍了《尔雅》当年设博士的情况："孝文皇帝欲广游学之路，《论语》《孝经》《孟子》《尔雅》皆置博士。"但有学者认为《尔雅》等汉初已立学的说法本之汉代刘歆，五经尚未备，何及传记，赵氏的说法恐非实录[①]。这里讲的"传记"，就是解释经义的文字，如《十三经》中的《左传》《公羊传》《穀梁传》就是分别对《春秋》经文史实的详述或对《春秋》经文中词例的解释。《论语》则是言论的汇辑、集录。这些文献均先后被列入了正式的经书。但无论以上说法是否真实，东汉的经学家已提到《尔雅》置博士一事，这一记载本身就说明：《尔雅》作为一部解释古代经典文献语词的经部文献，反映了

---

① （清）皮锡瑞著，周予同注释：《经学历史》，中华书局，1959年，第82页。

当时对儒家经典训诂释读的迫切要求。后来汉武帝也承续了前人的做法，设《五经》博士，选取这些博士的一个重要标准就是要通晓《尔雅》，即要选取那些学通有修、博识多艺、晓古文《尔雅》、能属文章的学者进入经学博士的行列。

三、《尔雅》与历代石经

石经是将儒家经典文献刻在石头上作为标准本供人校对阅读的古代经书的特殊形态。较早的石经为东汉的《熹平石经》，当时所刻，还没有将《尔雅》列入。最早将《尔雅》收入石经的是唐代的《开成石经》（图五）。"开成"是唐文宁宗李昂的第二个年号。《旧唐书·文宗本纪》记载，开成二年，担任国子祭酒的郑覃（？—842）向上进献《石壁九经》一百六十卷，开成皇帝崇尚文献，于是置立了《五经》博士，依后汉《熹平石经》的范例，刊刻碑石列于太学，从而创立了石壁《九经》，作为标准本，提供给广大学者校正经典文献中的讹谬。在《唐会要》中更是明确记载了《尔雅》石经的情况："太和七年二月五日，敕唐玄度复正石经字体。十二月，敕于国子监讲论堂廊创立石《九经》，并《孝经》《论语》《尔雅》共一百五十九卷。"郑覃是当时的名儒，他以当时风行的楷书在石碑上主持刊刻了十二部儒家经典，即《周易》《尚书》《诗经》《周礼》《仪礼》《礼记》《左传》《公羊传》《穀梁传》《论语》《孝经》《尔雅》，这就是文献上记载的《开成石经》。其中《尔雅》用的是东晋郭璞的注本，但只刻了经文，没有刻注文。唐石经刻成之后，"上又令翰林勒字官唐玄度复校字体，又乖师法，故石经立后数十年，名儒皆不窥之，以为芜累甚矣"①。唐代以来，许多学者都曾据之校勘《尔雅》。尽管如此，

---

① （后晋）刘昫等：《旧唐书》，中华书局，1975年，第571页。

《开成石经》在经学发展历史上和古籍印刷史上均起了重要的作用，现仍完好地保存在陕西省博物馆的碑林内。

自《开成石经》后，历史上还有一些将《尔雅》列入的石经文献，如五代《后蜀石经》和清代的《乾隆石经》。其中五代蜀后主孟昶广政元年至二十八年(938—965)，在石碑上刻了九种儒家经典，即《周易》《尚书》《诗经》《周礼》《仪礼》《礼记》《孝经》《尔雅》《论语》等，还刻了《左传》前十七卷，所以事实上《后蜀石经》刻了十种经书。由于刻石于后蜀，故称之为《后蜀石经》。又因其为孟昶在位时所刻，所以之后的文献中，或称之为《孟昶石经》，如宋代朱熹在注解《论语》时就曾这样引用过。但《后蜀石经》早已亡佚，未能保留下来。清康熙时就有人补刻《孟子》，和《开成石经》一起凑足"十三经"之数。到清高宗乾隆，又崇尚文治，在位时曾编修《四库全书》和《四库全书总目》，并于乾隆五十六年(1791)将包括《尔雅》在内的《十三经》刻于碑石之上，成为首次完整刊刻十三部经书的石经。这部石经现完好地保存于北京首都图书馆和首都博物馆，由于时代等因素，其学术价值就不能同《开成石经》相提并论了。

第五节 《尔雅》与《说文解字》

东汉许慎的《说文解字》与成书于战国和西汉之间的《尔雅》都是古代语言文字学的开山之作，虽两书分属于训诂学和文字学，但两者之间有诸多的联系，我们可以从学术史的发展过程中了解两书之间的内在关联，也可据以更深入地了解《尔雅》作为古代经学工具的功能。

一、《尔雅》与《说文》的分类沿革

《说文》成书于东汉，故在西汉刘向刘歆父子所整理的《别录》和《七略》中，及以之为基础的《汉书·艺文志》中尚未著录，但在《汉书·艺文志》六艺略中已创设了"小学"家类目，著录有"《史籀》十五篇"至"杜林《苍颉故》一篇"等，凡小学十家，四十五篇。而《尔雅》兴于中古，隆于汉氏，故《汉书·艺文志》中已有著录。

汉代之后，历代目录文献均承续了《汉书·艺文志》的学术分类的构想，在经部设置了"小学"类目。如魏代的郑默编制有《中经》的目录书，始创四部分类方法，西晋的目录学家荀勖（？—289）纂辑《中经新簿》，开始以甲乙丙丁作为四部类名，并于甲部著录六艺和小学的文献，《尔雅》与《说文》当归在甲部之中①。南朝齐目录学家王俭（452—489）编撰有《七志》，一曰"经典志"，著录有六艺、小学、史记和杂传等；南朝梁目录学家阮孝绪（479—536）也编撰有《七录》，一曰"经典录"，著录六艺文献，其中又细分有"小学"类目，可以推断《尔雅》《说文》在这些目录书中当归入"经典志"和"经典录"。到了唐代初年，政治家魏徵（580—643）（图六）主持编撰《隋书·经籍志》，于经部中也设立了"小学"类，收录了包括《说文》在内的众多字书、石碑与韵书。这样，《说文》明确列入了古籍书目中的"小学"类。至于《尔雅》，《隋书·经籍志》却与以往目录书的归类相异，将之著录在"论语"类。《隋书·经籍志》在经部"论语"类序中对此专门进行了说明："《尔雅》诸书，解古今之意，并五经总义，附于此篇。"从这一说明文字中我们可以了解到当时分类的旨趣，即古代文献特别是经部文献中，有些涉猎较广，难以归入某一类目，

---

① 来新夏：《古典目录学》，中华书局，1991年，第105—115页。

处于无类可归的状况，于是就采取了附于某一类目的权宜之计。这在古今书目著录中，并不是个别的例子。但从此也可以看出《尔雅》与经学的关系。唐陆德明在《经典释文》中曾将《尔雅》列于《老子》《庄子》之后，陆氏认为：《尔雅》为周公所作，又为后人所增益，这部书既是解释经典文献的，又不能看作是非经部的文献，所以在经部文献中殿末，众家都将《尔雅》著录在经部文献之后，诸子文献之前，在《经典释文》中则微有不同①。

如果说到《隋书·经籍志》为止，《尔雅》与《说文》还时而分列于不同类目的话，那么从《旧唐书·经籍志》开始，两书就比较固定地结合在"小学"类目中了。《旧唐书·经籍志序》："甲部为经，其类十二……十二曰小学，以纪字体声韵。"在"小学"类后的小序中专门提到了《尔雅》："右小学一百五部，《尔雅》《广雅》十八家，偏旁音韵八十六家，凡七百九十七卷。"这样，《尔雅》在经历了孝经、论语等类目的动态分类著录之后，终于同《说文》在"小学"的类目下归到了一起。南宋藏书家、目录学家晁公武在《郡斋读书志》的经类"小学"《尔雅》三卷提要文字中，曾对以上这一段学术史进行了介绍，并对"小学"类目的设置、《说文》《尔雅》同中有异的相互关系的旨趣作了阐述，晁氏指出："文字之学凡有三：其一体制，谓点画有纵横曲直之殊；其二训诂，谓称谓有古今雅俗之异；其三音韵，谓呼吸有清浊高下之不同。论体制之书，《说文》之类是也；论训诂之书，《尔雅》《方言》之类是也；论音韵之书，沈约《四声谱》及西域反切之学是也。三者虽各名一家，其实皆小学之类。而《艺文志》独以《尔雅》附孝经类，《经籍志》又以附论语类，皆非是。今依《四库

①　（唐）陆德明：《经典释文》，中华书局，1983年，第4页下栏。

书目》，置小学之首。"①（图七）从晁氏的提要文字中，我们可以了解
到唐玄宗时的官修书目的独到眼光，在《开元四库书目》中，《尔雅》已
被著录于小学之首，而北宋文学家、史学家欧阳修（1007—1072）等纂修
的《新唐书·艺文志》也曾依据《开元四库书目》。但这样的类目设置在
明清时期又产生了一些新的情况。

　　明代与以前各代相比，不太重视文字之学的"小学"，一些目录中"小
学"的文献显得较为薄弱，在明代杨士奇（1365—1444）所编《文渊阁书目》
中甚至缺略了"小学"类目。到了清代，经学及与之相关的小学文献受到
重视，《尔雅》与《说文》的目录类属逐渐明晰。清初藏书家钱曾（1629—
1701，字遵王）所作《读书敏求记》，其卷一分为七类，即经、礼乐、字学、
韵书、书、数、小学。其中《说文》归为"字学"类，《尔雅》则归为"小学"
类②。现代藏书家瞿凤起（1907—1987）又编有钱曾的藏书目录《虞山钱
遵王藏书目汇编》，其经部分别有尔雅、字书、韵书、碑刻、书、小学等
类别，《尔雅》归在"尔雅"类，《说文》则归在"字书"类③。说明《尔
雅》《说文》的目录归属有一个从不固定到逐步趋于稳定的发展过程。清
《四库全书总目》对于四部分类进行了集大成式的总结，包括《尔雅》在
内的小学类也不例外。《四库全书总目》经部小学类在《汉书·艺文志》
《隋书·经籍志》《郡斋读书志》等历代书目基础上进行了总结，并将与

　　①　（宋）晁公武著，孙猛校证：《郡斋读书志校证》，上海古籍出版社，1990年，
第145—146页。
　　②　（清）钱曾撰，丁瑜点校：《读书敏求记》，书目文献出版社（今国家图书
馆出版社），1984年，第17—28页。
　　③　（清）钱曾：《虞山钱遵王藏书目录汇编·经部》，上海古籍出版社，2005年，
第9—10页。

小学类不直接相关的文献另归入各相宜的类目，《四库全书总目·经部·小学类》序对这一学术发展的历史进行了总结："右小学所教，不过六书之类。故《汉志》以《弟子职》附孝经，而《史籀》等十家四十五篇列为小学。《隋志》增以金石刻文，《唐志》增以书法书品，已非初旨。自朱子作小学以配大学，赵希弁《读书附志》遂以《弟子职》之类并入小学，又以《蒙求》之类相参并列，而小学益多岐矣。考订源流，惟《汉志》根据经义，要为近古。今以论幼仪者别入儒家，以论笔法者别入杂艺，以蒙求之属隶故事，以便记诵者别入类书，惟以《尔雅》以下编为训诂，《说文》以下编为字书，《广韵》以下编为韵书。庶体例谨严，不失古义。其有兼举两家者，则各以所重为主（如李焘《说文五音韵谱》实字书，袁子让《字学元元》实论等韵之类），悉条其得失，具于本篇。"①《四库全书总目》小学类细分为《尔雅》为代表的训诂之属、《说文》为代表的字书之属、《广韵》为代表的韵书之属。这样，继《郡斋读书志》之后，《尔雅》《说文》《广韵》在小学文献中终呈鼎足之势。

自《四库全书总目》对《尔雅》《说文》在书目中的类属作了较为全面的总结之后，清末和民国时期，两书在书目中的归属继续有一些细微的变化。如清末洋务派首领张之洞（1837—1909）在其所著《书目答问》中，卷一为经部总目，又细分为正经正注第一、列朝经注经说经本考证第二、小学第三。其中《尔雅》的相关文献分别归类于以上三类，体现出《尔雅》既是《十三经》之一的经学地位，又是小学类中作为训诂之属代表的双重性质；而《说文》则归于小学类中的"说文之属"。在此之后，民国年间，目录学家孙殿起（1894—1958）的《贩书偶记》也承继了这样的分类旨趣，

---

① （清）永瑢等：《四库全书总目》，中华书局，1965年，第338页下栏。

其在经部卷三中专门设有"尔雅类"，在卷四"小学类"中再细分为"说文、篆录字书各体、音韵、训诂"等属。其中训诂之属中有《小尔雅》《广雅》《方言》《释名》等雅学文献。清末所编《清史稿·艺文志》，于小学类细分为训诂之属、字书之属、韵书之属和清文之属，其中清文之属（清人所著文献）成为其特色①。民国初年编辑的《天津图书馆书目》，在卷六经部的"小学类"中，又细分为说文、各体书、训诂等六小类。今南京图书馆的前身江苏省立国学图书馆曾编有《江苏省立国学图书馆图书总目》②于"小学类"分属较为细致，共分为训诂（尔雅、群雅、方言、字诂、译文）、字书（说文、古契文、字典、字体、杂说、训蒙）、韵书（集韵、图说、字母拼音）等类，既承续了古代小学的学术传统，又融入了译文、古契文和字母拼音等近现代小学元素③。上海图书馆在 1959 年至 1962 年编的《中国丛书综录》④是迄今为止小学类分类最细的一部书目，其子目经部小学类分为四类：一为说文之属（传说、专著），二为字书之属（通论、古文、字典、字体、蒙学），三为音韵之属（韵书、古今音说、等韵、简字拼音），四为训诂之属（群雅、字诂、方言、译文），同时也确定了小学文献中形书（说文、字书）、音书（音韵）和义书（训诂）等三大类文献的序次排列，即业界习惯上简称小学内容的"形音义"。

综上所述，自《汉书·艺文志》创设"小学"类目，至宋晁公武细分

① 章钰等编：《清史稿艺文志及补编（附索引）》，中华书局，1982 年版上册第57—69 页。

② 江苏省立国学图书馆编：《江苏省立国学图书馆图书总目》，中国文化合作股份有限公司印务所，1948 年。

③ ［日］长泽规矩也著，梅宪华等译：《中国版本目录学书籍解题》，书目文献出版社（今国家图书馆出版社），1990 年，第 76—77 页。

④ 上海图书馆编：《中国丛书综录》，上海古籍出版社，1982 年，子目第 2 页。

为体制、训诂、音韵之属，而《四库全书总目》辨章学术、考镜源流，在小学类下细分为以《尔雅》为代表的训诂之属、以《说文》为代表的字书之属、以《广韵》为代表的韵书之属，形成了以《尔雅》《说文》等为代表的较为完整的小学学术文献体系。诚如张之洞在《书目答问》中所注解的："此小学谓六书之学，依《汉书·艺文志》及《四库目录》。"此后虽有细微变化，但大体框架终不出此范围。我们也可以据此了解《尔雅》在中国学术史上的地位及与其他文献的相互关系。

二、《尔雅》与《说文》在学术上的相互关系与异同

首先，《尔雅》作为训诂之属的雅学，与《说文》作为字书之属的许学有所不同。

《尔雅》问世之后，逐渐形成了以雅书为研究对象的"雅学"，并引发了汇刊雅学著作和汇编雅学研究文献的风气。如明代张萱、毕效钦和朗奎金等先后辑刊有雅学丛书，但各自的收录内容有所不同，其中《五雅全书》中《广雅》因避隋炀帝杨广讳，改称《博雅》，但《汇雅》和《五雅》未改（见下表）。

时代	作者	书名	内容
明代	张 萱	《汇雅》	《尔雅》《小尔雅》《方言》《广雅》
明代	毕效钦	《五雅》	《尔雅》《广雅》《埤雅》《尔雅翼》《释名》
明代	朗奎金	《五雅全书》	《尔雅》《博雅》《释名》《埤雅》《小尔雅》

明代常熟人韦澳曾编有《雅学考》二十卷，《江南通志·艺文志》中有著录，但内容已不可考。清末学者胡元玉（字子瑞，湖南湘潭人）则编有《雅学考》，辑录了从古至宋代有关《尔雅》的文献，无论存佚与否均加以收录，

并加有按语，为我们了解历代《尔雅》的相关文献提供了一部提要性的指南。周祖谟于 1936 年继之而作了《续雅学考拟目》一卷①。湖北大学古籍研究所的朱祖延（1922—2011，江苏宝应人）教授主编的《尔雅诂林》② 汇集了上百种古今注本和专著，被认为是对两千多年来雅学研究成果的总结。

　　《说文》问世之后，历代研究者不乏其人，至清代遂形成了"许学"。清光绪年间有两部以"许学"名书的文献刊印。一部是清代学者翟云升（1776—1860）所撰的《许学三书》十四卷，包括《说文形声后案》四卷、《说文辨异》八卷、《肄许外编》二卷③。清代光绪年间张炳翔则另外辑有《许学丛书》，曾收入至民国年间汇编的《丛书集成初编》中，并有提要文字，介绍了"许学"的有关情况和《许学丛书》编辑的经过："许学盛于清代。惠栋而后，专精者数十家。自元和江氏、金坛段氏、曲阜桂氏诸大家外，其余各家著述散在人间。道咸间，海宁许梿尝欲汇刊行世，遭乱未果，梿亦旋卒。"以上提到的江氏、段氏和桂氏就是清代许学研究的几个大家：江声（1720—1799），清江苏元和人，曾师从惠栋；段玉裁（图八），曾撰《说文解字注》，学界都简称为"段注"；桂馥（1736—1805），山东曲阜人，曾历时四十年撰成《说文解字义证》五十卷，与段玉裁一起成为清代注解《说文》最著名的大家之一。张炳翔年辈与以上大家相比稍后，见许梿汇刊未能成功，思成其志，便先刻零星小种，以四种五种为一集，至光绪癸未甲申间（1883—1884），刻成三集。原计划将汇集至十集、二十集，但仅至三集而终，收书亦仅十四种，可以了解古人汇书刻书之艰

---

①　周祖谟：《问学集》，中华书局，1966 年，第 689—696 页。

②　朱祖延：《尔雅诂林》，湖北教育出版社，1999 年。

③　周叔弢：《自庄严堪善本书目》，天津古籍出版社，1985 年，第 17—18 页。

难①。清末学者黎经诰又有《许学考》二十六卷（图九）②，成为清人《小学考》的增补之作，曾数易其稿，与丁福保（1874—1952）所编的《说文解字诂林》可互为补充。丁福保自 1895 年至 1928 年间编有《说文解字诂林》，全书采集有关著作 182 种，汇为 1036 卷，总字数达到一千多万字，装订成 12 函 66 册。书成之后，丁氏又仰取俯拾，编成《说文解字诂林补编》，收书 46 种，汇为 173 卷，装订成 16 册。丁氏将所收的历代许学资料，分为十一大类：大徐本及校勘之属，小徐本及校勘字句之属，段注及考订段注之属，桂氏义证及辩订之属，王氏句读、释例及补正之属，朱氏通训定声及补遗之属，杂诂别述之属，引经引古语之属，释某字释某句之属，金石龟甲文字之属，逸字外编之属等。现代学者胡朴安（1879—1947）曾赞扬《说文解字诂林》："予读其书有四善焉。一、检一字而各学说悉在也。二、购一书而众本均备也。三、无删改，仍为各家原面目也。四、原本影印，决无错误也。"③

其次，雅学、《说文》互为研究之资粮。

清代雅学大兴，其中最为著名的是邵晋涵的《尔雅正义》与郝懿行的《尔雅义疏》，两书均以《说文》为研究的重要参考文献。

《邵疏》的注释文字多以《说文》形训解字开首。如《释诂第一》篇名下释曰："《说文解字》云：诂，训故言也。古，故也。从十口，识前言者也。"在《释诂》篇首条"初哉首基"下释曰："初者，《说文》云，初，裁衣之始也。此言造字之本意也……哉，《说文》作才，云艸木之初也。

①　《丛书集成初编目录》，中华书局，1983 年，第 43—44 页。
②　黎经诰：《许学考》，1927 年江洲黎氏铅印本。
③　王世伟：《历史文献研究》，国家图书馆出版社，2008 年，第 76—83 页。

古文哉俱作才……基者,《说文》云,基,墙始筑也。"从以上的释例中可以看到《说文》在《邵疏》中的重要地位。

《郝疏》同样以《说文》为研究之据,并以之来论述解读各类文字训诂的现象,仅以《释诂》《释言》篇的疏文为例:

　　或论文字通假。如《释诂》"恺,乐也"条下疏云:"恺者,《说文》两见。岂部云,恺,康也。心部云,恺,乐也。通作凯。"

　　或证本字假借。如《释诂》"典,常也"条下疏云:"常,《说文》以为裳本字,经典借为久长字,盖寻常俱度长之名,因训为长。故《方言》云,凡物长谓之寻,是寻亦训长,常与长音义同。"

　　或明古今文字。如《释诂》"辜,辠也"条下疏云:"辠,古罪字。《说文》云,辠,犯法也。"

　　或解文字隶变。如《释诂》"黄发,寿也"条下疏云:"《说文》云,耇,久也。隶变作寿。故释文云,耇,本又作寿。"

　　或释词语转训。如《释诂》"诚,信也"条下疏云:"《说文》云,信,诚也;诚,信也,转相训也。"

　　或举字兼二义。如《释诂》"爰,曰也"条下疏云:"爰者,《说文》云引也。按,引谓引气出声,又为词之引起,兼兹二义,故又训曰也。"

　　或考《说文》所本。如《释言》"怙,恃也"条下疏云:"故《说文》依《尔雅》云:怙,恃也。"又,"庶几,尚也"条下疏云:"故《说文》云,尚,庶几也。本《尔雅》为训也。"

同样,《说文》也以《尔雅》为研究之资。清代许学兴盛,最著名的有段玉裁的《说文解字注》和朱骏声的《说文通训定声》等。段玉裁的《说文解字注》虽为形书，但以训诂为其注释要旨，清代训诂学家王念孙（1744—1832）在《说文解字注序》中认为："《说文》之为书，以文字而兼声音训诂者也……训诂声音明而小学明，小学明而经学明。"对于研究《说文》只讲文字点画笔势而不注意训诂声音者，王念孙感叹段玉裁的特殊贡献："盖千七百年来无此作矣。若夫辨点画之正俗，察篆隶之繇省，沾沾自谓得之，而于转注假借之通例，茫乎未之有闻，是知有文字而不知有声音训诂也。其视若膺之学，浅深相去为何如邪（耶）。"① 王念孙的序文深刻地阐述了《说文》与《尔雅》不可分离的紧密关系，表扬了段玉裁在注解《说文》中将文字、训诂与音韵三者互相证明方面所取得的成就。清代学者戴震（1724—1777）（图十）持有相同的观点，他在给段玉裁《六书音韵表》所作的跋文② 中指出："许叔重之论假借曰，本无其字，依声托事。夫六经字多假借，音声失而假借之意何以得。训诂音声，相为表里。训诂明，六经乃可明。后儒语言文字未知，而轻凭臆解以诬圣乱经，吾惧焉。"在段玉裁的《说文》注释文字中，随处可见"见《尔雅·释诂》"的字句，段氏认为，《尔雅》《方言》，所以表明转注假借，这成为段氏研究《说文》的重要方法。段玉裁将《说文》的形训与《尔雅》的义训以及韵书的音训有机地结合在一起。他在《说文解字注》③ 的开首"元"篆下注释中就谈到了义训、形训和声训三者的关系以及《说文》作为形书的注解旨意："凡

---

① （清）王念孙：《说文解字注序》，载清段玉裁《说文解字注》，上海古籍出版社，1981年，正文前序。

② （清）戴震：《六书音韵表戴序》，载清段玉裁《说文解字注》，上海古籍出版社，1981年，第801页。

③ （清）段玉裁：《说文解字注》，上海古籍出版社，1981年，第1页上栏。

文字有义有形有音。《尔雅》以下，义书也；《声类》以下，音书也；《说文》，形书也。凡篆一字，先训其义，若始也、颠也是。次释其形，若从某、某声是。次释其音，若某声及读若某是。合三者以完一篆，故曰形书也。"

转注假借也成为朱骏声《说文通训定声》①的重要研究方法，朱氏在其著作的卷首说明"转注"条时，论述了《尔雅》转注假借之训诂方法："《尔雅·释诂》，有多至四十字共一义者，即转注之法。故一字具数用者曰假借，数字共一用者曰转注。"意为一字用作多义称为假借，多字共用作一义称为转注。

我们还可以从其他的例子中进一步证明《尔雅》与《说文》之间互为研究资粮的紧密关系。如清代乾隆嘉庆年间学者程际盛曾撰有《说文引经考》，在总计引经的 2593 条中，引自《尔雅》的有 1004 条，占到 38%②。这一数字从一个侧面帮助我们了解到《说文》源自《尔雅》的比例权重。

现代音韵训诂学家黄侃（1886—1935，字季刚，自号量守居士，湖北蕲春人）（图十一），是研究《尔雅》和《说文》的专家，对两书的关系阐述得十分深切。他在所著《尔雅略说——论治尔雅之资粮》③一文中写道：

> 《尔雅》之作，大抵依附成文为之剖判。成文用字，大抵正借杂糅，初无恒律。此由于太古用字，已有依声托事之条，不独用以行文，抑且用以造字……用字不能无假借者，势也；解字必求得本根者，理

---

① （清）朱骏声：《说文通讯定声》，中华书局，1984 年，第 10 页上下栏。
② 孙殿起：《贩书偶记》，上海古籍出版社，1982 年，第 79 页。
③ 黄侃：《黄侃论学杂著·尔雅略说》，上海古籍出版社，1980 年，第 396—397 页。

也。使无《说文》以为检正群籍之本根，则必如颜之推所云"冥冥不知一点一画有何意义矣"。《尔雅》之文，以解群籍，则绰绰然有余裕；试一询得义之由来，必有扞格而不通者……是故字书之作，肃然独立，而群籍皆就正焉。辞书之作，苟无字书为之枢纽，则荡荡乎如系风捕影，不得归宿。欲治《尔雅》者，安可不以《说文》为先入之主哉？

《尔雅》与《说文》不仅是经学之梯航，也是中国古典文献和古代传统文化之关键。因此，这两部小学的经典之作，不仅专业学者要学习研究，广大公众也要学习了解，以承续和发扬中国古代优秀文化。

第六节　作为读书种子的《尔雅》

中国历史上十分重视"小学"，即文字之学的教育。清代学者刁戴高（？—1756）在其《尔雅注疏》校注本序中曾引用了清代初年校勘学家何焯（1661—1722，人称"义门先生"）的话："义门先生有云，童子五六岁时勿予他书，读便须授以《尔雅》。一则句读易于成诵，一则自幼熟此，后日读经史可省读注，此诚训蒙之良法，毓养读书种子之根柢也。"[①] 这里，何义门将《尔雅》作为毓养读书种子之根柢来看待，认为《尔雅》有助于少儿期间的古文断句，并可借此打好阅读古文的良好基础。这种讨论毓养读书种子的方法，正是从文字之学的"小学"入手的。

---

① （清）刁戴高校注：《尔雅注疏》，清乾隆十年（1745）三乐斋刻本，上海图书馆藏。

　　文字之学在古代被称为"小学"。中国先秦时期的周代,学龄儿童年满8岁进入小学,便让他们接受"六艺"的学习教育,即礼、乐、射、御、书、数。其中"书"指"六书",就是象形、指事、会意、形声、转注、假借这样六种古代造字和用字的方法。六书属于文字学的范畴,汉代有人便因此把小学作为文字学的代称。如《汉书·谷永杜邺传》中提到汉代文字学家杜邺、杜林和张竦,认为张竦"尤长小学",而杜林"其正文字过于邺、竦,故世言小学者由杜公",隋唐训诂学家颜师古(581—645)注:"小学,谓文字之学也。"包括《尔雅》在内的小学文献正是阅读古代经典的工具。

　　曾经担任蒋介石第二侍从室主任和国民政府教育部副部长的陈布雷(1890—1948)(图十二)自幼便得到良好的文字训诂教育,他曾回忆:"七岁,是年,先考亲授予读,诵《毛诗》及《尔雅》。苦《尔雅》难读,请于先考,愿易他书,先考命之曰:'此书非幼时先读不可,汝长自知之。'"[1]可见,陈布雷的父亲在为自己后代进行国学教育时,将《尔雅》看作是幼时先读不可的重要文献,尽管难读,但必须过这一关,长大后再读经史文献,便事半功倍了。这一事例也可以让我们进一步理解《尔雅》对于毓养读书种子和文化教育的不可或缺的基础作用,以及历代以来《尔雅》在毓养读书种子根柢中所发挥的重要力量。

　　但是,对于《尔雅》作为毓养读书种子根底的重要作用,从古到今并非始终是这样认知和重视的,古人就曾发出过"小学不讲久矣"的呼声。北齐文学家颜之推(531—约595)当年就曾认为:"夫文字者,坟籍根本。"对"世之学徒,多不晓字"的现象进行了批评[2]。实际上,历代往往有不少"多

---

　① 陈布雷:《陈布雷回忆录》,东方出版社,2009年,第13页。
　② 王利器:《颜氏家训集解》(增补本),中华书局,2002年,第220页。

不晓字"的现象产生，一些文字的字源和意义不甚了了，有的忘记了文字的结构和部件，有些错误的解释还广泛流行。如《说文》卷三音部对"章"字作了如下的解释："章，乐竟为一章，从音十。十，数之终也。"意思是说，音乐有所停止为一乐章，章字由"音""十"两个构字部件组成，十是数目的终了，后来"章"由音乐的乐章引伸为图书著作的篇章。但后人往往将章字错误地解析为上"立"下"早"结构，在介绍姓氏时多称为"立早章"，这样就与"章"的造字本意相背离了。《尔雅·释山》："上正，章。"郭璞注："山上平。"意为山顶平正的山称为章。山顶为山之顶端，与音乐所止意义相通，故《尔雅》的"章"用的是《说文》"章"的引申义。又如讲到一个朝代的中期，现在人们习惯称为"中叶"，但其中的"叶"字是错用的，应该用"世"字。因为"世"字的造字结构为三个十，表示三十年共一世。后来世字借为树叶的叶，后人不知，遂把世字也读成了叶字。古文字学家商承祚（1902—1992）曾专门举了这个例子："简文（指竹简文字）中世字皆作枼，未见他用，至借为树叶之叶，则是后来的事，及叶字行，仍把枼读作叶，人们将一个朝代的中期说成'中叶'，是不对的，应曰'中枼'（世）。"[1]（图十三）我们还可以把《尔雅》和《说文》结合起来对古代一些词语加以解释。如有"格致中学"的校名，如何理解"格致"的寓意？《礼记·大学》："致知在格物。"《尔雅·释诂》："格，致也。"所谓穷至事物之理，欲其穷极，无不到也。清代段玉裁《说文解字注》认为："木长貌者，格之本义。引伸之，长必有所至，故《释诂》曰：'格，至也。'"但语言学家陆宗达（1905—1988）并不同意段玉裁的解释，他认为："《方言》：袼'来也。'……后世以'格'代'袼'，与训木

---

① 商承祚：《商承祚书法集·序》，文物出版社，2006年。

长貌的'格'字相混。所以，'格物'应是'佫物'，也就是'来于物'。"①
这就需要把小学文献中的《尔雅》《方言》《说文》等进行对比学习和研究，
这正是毓养读书种子根柢的过程。不仅如此，通过毓养读书种子，《尔雅》
同时带给人们的方法、智慧和理性也将是永恒的。

---

① 陆宗达：《训诂简论》，北京出版社，1980年，第17—18页。

第二章　古代自然和社会知识的渊薮

第一节　《尔雅》内容提要

《尔雅》的内容极为丰富，举凡语言、伦理、建筑、物理、化学、音乐、天文、地理、植物、动物等众多学科均有所涉猎。唐代陆德明曾经对《尔雅》作了如下的评价："《尔雅》者，所以训释五经，辨章同异，实九流之通路，百氏之指南，多识鸟兽草木之名，博览而不惑者也。"①《尔雅》博通经典训诂，纲维儒家六经，成为古代文字的楷范，诗人之兴咏的户牖，备详六亲九族的礼仪，多识鸟兽草木的名义，并成为今人阅读古代经典的工具指南。

一、《释诂》《释言》《释训》

《释诂》《释言》《释训》是《尔雅》篇幅最大、内容最为丰富的三篇。这三篇都是释古今之语和方俗之言，诚如前面第一章中在介绍《尔雅》分篇析卷中所述，因三篇内容有些差异，意义有所区别，故篇名亦异。

下面分别举一些《释诂》《释言》《释训》各篇中的例子：

初、哉、首、基、肇、祖、元、胎、俶、落、权舆，始也。

林、蒸、天、帝、皇、王、后、辟、公、侯，君也。

---

① （唐）陆德明撰，黄焯断句：《经典释文》，中华书局，1983年，第17页下栏。

如、适、之、嫁、徂、逝，往也。

（引自《释诂》）

殷、齐，中也。

告、谒，请也。

观、指，示也。

（引自《释言》）

明明、斤斤，察也。

穆穆、肃肃，敬也。

子子孙孙，引无极也。

（引自《释训》）

　　从以上的案例中可以大略看出三篇之间的区别。《释诂》开首的例子就很说明问题，即用"始也"解释"初"等十一个同义词和近义词。从"初"到"权舆"，都是当时的古语和方言，而"始"则是当时的普通话，所谓"总绝代之离词，辩同实而殊号"。《释言》意为解字，以一字为一言，以单字为训，多不过两三个字。而解言释字中多有字词的引伸义。如"殷"解释为"中"，其中经过了多层次的引申：殷，《说文》解释为"作乐之盛称殷"，清段玉裁《说文解字注》："此殷之本义也……引伸之为凡盛之称，又引伸之为大也，又引伸之为众也，又引伸之为正也，中也。"[1]"齐"解释为"中"也是类似的情况：《说文》"齐"字解释为"禾麦吐穗上平也"，由于生而上齐的现象以禾麦吐穗较为典型，所以"齐"字就引伸为凡齐等的意义（图十四）。《郝疏》云："齐者，平也，等也，皆也，又

————————

[1] （清）段玉裁：《说文解字注》，上海古籍出版社，1981年，第388页下栏。

整齐也，五者实一义，皆无长短高下之差，故为中也。"可见，"殷""齐"之解释为"中"，均为引伸之义。所以郝懿行曾经对《释言》的训诂特点作了如下的点评："言之为言衍也，约取常行之字而以异义释之也。"至于《释训》篇，如"明明、斤斤"等，其中多为迭音词，其特点较为明显，很容易与其他篇章相区别。

《释诂》《释言》和《释训》三篇的内容实际上在一定程度上也代表了整个《尔雅》十九篇在释词解义上的任务，这就是用通语解释方言，用今语解释古语，用常语解释僻词。

二、《释亲》

《释亲》为解释亲属的名称。此篇按内容又分为宗族、母党、妻党和婚姻四类。

所谓宗族，就是父系的亲属。以父亲的长辈而言，则有王父、王母、曾祖王父、曾祖王母等。以父亲的同辈而言，则有世父、叔父、世母、叔母等。以父亲的下辈而言，则有子、孙、曾孙、玄孙等。

所谓母党，就是母系的亲属。以宗族同母党相比较，宗族上及于高祖，下及于云孙，旁及于族曾王父同姓；而母党上及于外曾王父，旁及于从舅从母。这反映了中国古代的亲属伦理关系。

所谓妻党，就是妻系的亲属。但在这一小类中也兼及一些与妻党关系不大的名称词语。《邵疏》云："此篇释妻之党兼及于姑之子、舅之女、姐妹之夫，因妻之舅弟而类柔之也。兼及于外孙者，因离孙、归孙而连举之也。兼及嫂妇娣姒者，以其同为女子之类也。"

所谓婚姻，就是与男女婚嫁有关的亲属称谓。如男方的父亲称为姻，女方的父亲称为婚。女方称男方的父亲为舅，母亲为姑。

下面分别举一些《释亲》篇各小类中的例子：

父为考，母为妣。

子之子为孙，孙之子为曾孙，曾孙之子为玄孙，玄孙之子为来孙，
来孙之子为晜孙，晜孙之子为仍孙，仍孙之子为云孙。（以上"宗族"）

母之考，为外王父，母之妣为外王母。母之王考，为外曾王父，
母之王妣，为外曾王母。（以上"母党"）

妻之父，为外舅，妻之母，为外姑。

女子谓兄之妻为嫂，弟之妻为妇。（以上"妻党"）

妇称夫之父为舅，称夫之母曰姑。姑、舅在则曰君舅、君姑；没
则曰先舅、先姑。

妇之父母、婿之父母，相谓为婚姻，两婿相谓为亚。（以上"婚姻"）

（图十五）

三、《释宫》

《释宫》为解释宫室的名称，同时也包括与宫室有关的道路桥梁等名
称，所以《郝疏》评价说："此篇所释，上至梁桴，下穷瓴甋，旁及连栎，
别为台榭，以至扆序位宁途路堤梁，靡不依类而释之。事系于宫，故总曰《释
宫》。""梁桴"为建筑房屋框架的主要支撑结构。"瓴甋"即砖瓦之属，
"连栎"为楼阁旁之小屋，"台榭"则为高地上所建之屋，"扆"为门窗
之间的屏风，"序"为隔开正堂东西夹室的墙。古代宫庭，中庭左右两侧
称"位"，门屏之间称"宁"。"途路"是往来通行之道。"堤梁"是用
土石等材料修筑的挡水高岸。

下面分别举一些《释宫》篇中的例子：

宫谓之室，室谓之宫。

牖户之间谓之扆，其内谓之家，东西墙谓之序。

室中谓之时，堂上谓之行，堂下谓之步，门外谓之趋，中庭谓之走，
大路谓之奔。

室有东西厢曰庙，无东西厢有室曰寝，无室曰榭，四方而上曰台，
陕而修曲曰楼。

（均引自《释宫》）

四、《释器》

中国古代文化中有"宫室之量器皿之度"的说法，故《释器》篇列在
《释宫》篇之后。《释器》为解释各种器物的名称，其中包括古代的各种
礼器、农具、渔具、书写工具、金属、兵器等。此外还包括有关服饰、饮
食方面的一些词汇。由于此篇内容涉及物理和化学，所以 1914 年衡南学
社出版的《尔雅义证》一书中曾将《释器》列为"理化之部"。对于《释器》
篇内容庞杂的现象，《郝疏》认为："此篇所释，皆正名辨物，依类象形，
至于豆笾旄虡礼乐之事而略载于篇者，以皆器皿之属也。若乃衣服饮食非
可以器言而杂见兹篇者，以本器用之原也。"[1] 可见，《释器》篇中的丰
富内容，有的虽然与器皿之属有些距离，但都不同程度地与器皿之用相关
联，也可据以了解《尔雅》作者各篇内容安排的用意所在。

---

[1]　（清）郝懿行：《尔雅义疏》"释器第六"，上海古籍出版社，1983 年，第 661 页，
下引郝懿行：《尔雅义疏》版本同，不一一注释。

下面分别举一些《释器》篇中的例子：

木豆谓之豆。竹豆谓之笾。瓦豆谓之登。

（图十六）

鼎绝大谓之鼐，圆弇上谓之鼒，附耳外谓之釴，款足者谓之鬲。

金谓之镂，木谓之刻，骨谓之切，象谓之磋，玉谓之琢，石谓之磨。

简谓之毕。不律谓之笔。灭谓之点。

一染谓之縓，再染谓之赪，三染谓之纁。

（均引自《释器》）

可见，《释器》篇不仅包括各种器皿本身的解释，也包括一些涉及器皿的语词，如镂、刻、切、磋、琢、磨等治器的名称，縓、赪、纁等印染设色之工所用的名称。此外，有些器物的名称则散见于《尔雅》其他篇中，如旌旐亦归为器物类，因属于讲武，故附见于《释天》篇。

五、《释乐》

《释乐》篇中的钟磬之属当归在以上的《释器》篇，因乐器众多，故独立成篇。《释乐》篇主要是解释音乐术语和各类乐器的名称。此篇内容不多，首举五声之别号，次及八音大小之异名，成为中国古代较早的有关音乐的史料。中国古代经书中的《礼记·乐记》中也讲到了乐器："故钟鼓管磬，羽籥干戚，乐之器也。"[1]意为无论是钟鼓管磬等乐器，还是雉尾、笛形的六孔籥、盾牌、巨斧等舞具，都是音乐的用器。

下面举一些《释乐》篇中的例子：

---

① 王文锦：《礼记译解》，中华书局，2001年，第533页。

宫谓之重，商谓之敏，角谓之经，征谓之迭，羽谓之柳。

大瑟谓之洒。大琴谓之离。

徒鼓瑟谓之步，徒吹谓之和，徒歌谓之谣，徒击鼓谓之咢，徒鼓钟谓之修，徒鼓磬谓之寋。

和乐谓之节。

（均引自《释乐》）

六、《释天》

《释天》篇是解释有关天文历法和祭祀礼俗的词语，依类分为十二部分，即四时、祥、灾、岁阳、岁名、月阳、月名、风雨、星名、祭名、讲武、旌旂。下面就以上十二部分各自举一些例子：

穹苍，苍天也。春为苍天，夏为昊天，秋为旻天，冬为上天。（以上"四时"）

谷不熟为饥，蔬不熟为馑，果不熟为荒，仍饥为荐。（以上"灾"）

太岁在甲曰阏逢，在乙曰旃蒙，在丙曰柔兆，在丁曰强圉，在戊曰著雍，在己曰屠维，在庚曰上章，在辛曰重光，在壬曰玄黓，在癸曰昭阳。（以上"岁阳"）

载，岁也。夏曰岁，商曰祀，周曰年，唐、虞曰载。（以上"岁名"）

正月为陬，二月为如，三月为寎，四月为余，五月为皋，六月为且，七月为相，八月为壮，九月为玄，十月为阳，十一月为辜，十二月为涂。（以上"月名"）

天气下地不应曰雾，地气发天不应曰雾。雾谓之晦。（以上"风雨"）

何鼓谓之牵牛，明星谓之启明。（以上"星名"）

> 春祭曰祠,夏祭曰礿,秋祭曰尝,冬祭曰蒸。(以上"祭名")
>
> 春猎为蒐,夏猎为苗,秋猎为狝,冬猎为狩。(以上"讲武")
>
> 注旄首曰旌,有铃曰旂。(以上"旌旂")

可见,在《释天》篇的解词释语中,《尔雅》结合天文历法的知识,也为读者提供了宗庙等各类祭祀的有关知识,包括祭祀礼俗的不同时间、不同空间、不同对象、不同载体等的有关文化现象。

七、《释地》《释丘》《释山》《释水》

《释地》《释丘》《释山》《释水》四篇解释地理和行政区划的有关名称,其中涉及战国秦汉之际有关宇宙地理、山川地理、经济地理、水利地理、政治地理、人文地理等方面的知识内容。

《释地》篇依类分为七个部分,序次为九州、十薮、八陵、九府、五方、野、四极。其中陵薮异名、原野异势、五方异气等莫不备载。下面以九州、十薮为例:

> 两河间曰冀州,河南曰豫州,河西曰雝州,汉南曰荆州,江南曰杨州,济、河间曰兖州,济东曰徐州,燕曰幽州,齐曰营州。(以上"九州")
>
> (图十七)
>
> 鲁有大野。晋有大陆。秦有杨陉。宋有孟诸。楚有云梦。吴、越之间有具区。齐有海隅。燕有昭余祁。郑有圃田。周有焦护。(以上"十薮")

天圆地方是古人对世界的认识。古人将大地分成五土或九州,其中五土就是东土、南土、西土、北土和商代都城所在地的中商；而九州就是将天下的大地分成九个部分，也称为九土。由于大陆四周环水，古人将水中的陆地称为州，于是形成了九州的地理概念。与《尔雅》相距不远的汉代文献《淮南子·地形训》中也有九州的概念，但与《尔雅》有所不同。《尔雅》九州所描述的地理范围大致为：北及内蒙，西涉青海四川，南接贵州两广，东临东海，可据以了解古人对于天下的地理概念。

十薮是古代具有标志性的十个山川泽薮，分布于当时的十国之中。但经历了数千年的历史发展，这些山川泽薮已变化消长，可据以了解中国地貌的历史沿革。

《释丘》篇是解释自然形成的高地的有关名称。《说文》卷八丘部："丘，土之高地。"《广雅·释丘》："小陵曰丘。"[①]大阜称为陵，丘则小于陵，但丘陵往往并称，凡土高者常统称为丘。《释丘》篇中的内容分为两部分，一为丘，一为厓岸。"厓"意为山边；"岸"意为水厓而高者，故厓岸附见于《释丘》篇。下面举一些《释丘》篇中的例子：

> 绝高为之，京。非人为之，丘。
>
> 天下有名丘五，其三在河南，其二在河北。
>
> 重厓，岸。岸上，浒。
>
> （均引自《释丘》）

《释山》篇为解释有关山岳的名称。古代字书中将土高有石称为山，即土积而成，以石为体。《释山》篇中首言五岳，这是从著名的大山说起；

---

① （清）王念孙：《广雅疏证》，上海古籍出版社，1983年，第1178页。

篇中还述及了有关各类山体风貌，包括石峦岗冢、草木水溪等。但篇中内容或有重复，有学者怀疑可能是《尔雅》在流传过程中后人附益的缘故。

下面举一些《释山》篇中的例子：

> 河南华，河西岳，何东岱，河北恒，江南衡。
>
> 多草木，岵。无草木，峐。
>
> 山夹水，涧。陵夹水，澞。

（均引自《释山》）

五岳作为天下名山大川的代表，成为中国古代标志性的地理位置。五岳的名称在古代有不同的说法。先秦时，周代人以洛阳一带作为天下的中心区域，《释山》篇中讲的五岳名称就是以此作为天下之中心而命名的。秦国时祭祀多以当时秦国东部的大山为界，这样五岳的名称也就有了不同。《史记·封禅书》中所记载的就是秦人祭祀的大山，与《尔雅·释山》篇中略有不同。五岳名称以黄河、长江的方位标识，也可以了解中国古代黄河、长江文明发展的有关信息。

《释水》篇为解释有关河流泉水的名称，依类分为四部分，序次为水泉、水中、河曲、九河。水有本源，故此篇始于"水泉"；水之所出，或形成水中陆地之洲，故"水中"次之；河水的流向宽狭受到地形的制约从而形成了曲折的流向，故"河曲"次之；古代黄河、长江、淮水、济水并称为四渎，都是古代的大江大河，均从源头发展后形成江河经通的主干水道并在下游注入大海，而四渎之中以黄河最大，所以对于河典和九河释之较详。《释水》篇中还包括了乘舟济水等方面的名词。故《释水》篇中举凡泉源川流、溪谷沟浍、津涉舟航等多所涉猎。

下面举一些《释水》篇中的例子：

河水清且澜漪，大波为澜，小波为沦，直波为径。

天子造舟，诸侯维舟，大夫方舟，士特舟，庶人乘泭。

（以上"水泉"）

水中可居者曰洲，小洲曰陼，小陼曰沚，小沚曰坻，人所为为潏。

（以上"水中"）

河出昆仑虚，色白。所渠并千七百一川，色黄。百里一小曲，千里一曲一直。

（以上"河曲"）

徒骇、太史、马颊、覆釜、胡苏、简、絜、钩盘、鬲津。

（以上"九河"）

其中"河曲"中讲到黄河发源于昆仑山脉，在源头发展的阶段河水呈白色，沿途先后有大小汇入的水流达到 1700 多条，整条河流变成了黄色。黄河的流向走势，每流经百里就有一小湾，每流经千里就有一大湾并形成一段较直的河道。

八、《释草》《释木》

《释草》和《释木》篇主要是有关植物的内容。

《释草》篇主要是解释草本植物的名称，也涉及少量木本植物。"草"字原字形作"艸"。《说文》有艸部，篆书中解释为百卉，而卉作为艸之总名，如花卉意为花草。《说文》中另有草字，是一种植物，后来俗间用草字代替了艸字。《邵疏》认为："此篇所释，或别其异名，或详其形状，或以类相从，或前后互见，多切于民用，不徒为兴喻之资焉。"《释草》篇中有花草、野菜、草药，还有一部分谷物的名称。1915年曾出版过一部名为《尔雅谷名考》的书，分为六卷，作者为高润生，为《笠园古农学丛书》的一种。其中所考谷物的名称均见于《尔雅·释草》篇。

下面举一些《释草》篇中的例子：

荷，芙渠；其茎，茄；其叶，蕸；其本，蔤；其华，菡；其实，莲；其根，藕；其中，的；的中，薏。

（图十八）

薄，石衣。

木谓之华，草谓之荣，不荣而实者谓之秀，荣而不实者谓之英。

（均引自《释草》）

以上列举了全身是宝的荷花，其叶、茎、莲心等均具有药用价值，而莲子、藕等则可作为食用，而婀娜多姿、色彩鲜艳的荷花也是极具观赏价值的植物。

《释木》篇主要是解释木本植物的名称，《郝疏》认为："此篇所释乔者、条者、菜者、核者，皆木之类，木为总名，故题曰释木。"但有个别如竹类在《释草》篇与《释木》篇中同时出现，原因是草本植物与木本植物有相近之处。

下面举一些《释木》篇中的例子：

灌木，丛木。

小枝上缭为乔，无枝为檄。木族生为灌。

（均引自《释木》）

以上列举了人们常提及的灌木和乔木的不同，这是古人对植物的认知，即从人们的视觉直观出发，凡丛生而矮小者为灌木，凡挺拔而高大、分支而繁盛的为乔木。尽管这与现代的植物学的分类不同，但灌木和乔木的植物分类一直沿用至今，现代城市社区中的绿化往往就是将灌木和乔木融合布局种植的。

九、《释虫》《释鱼》《释鸟》《释兽》《释畜》

《释虫》《释鱼》《释鸟》《释兽》《释畜》等五篇主要是有关动物的内容。

《释虫》篇为解释部分动物的名称。古代蟲、蚰、虫分为三个字。其中"虫"字原为蛇状，这在甲骨文、金文中均是如此，后虫字用为动物的通名。而两个虫字的"蚰"，意为蟲的总名，古代读若"昆"字音，我们今天常讲"昆虫"古代或写作"蚰蟲"。实际上，虫、蚰、蟲三个字意义是相通的。蟲可视作虫字的叠文，蚰视作蟲字的省文。《周礼·冬官·考工记》中曾对不同的虫类进行了描述："外骨，内骨，却行，仄行，连行，纡行，以脰鸣者，以注鸣者，以旁鸣者，以翼鸣者，以股鸣者，以胸鸣者，谓之小虫之属，以为雕琢。"[①]古代用这些丰富多彩的动物形象作为祭器上雕琢的参考图形。

以下在举一些《释虫》篇中的例子：

---

① 杨天宇：《周礼译注》，上海古籍出版社，2004 年，第 655 页。

蠸輿父，守瓜。

蟫，白鱼。

蜆，缢女。

有足谓之虫，无足谓之豸。

（均引自《释虫》）

如同《释木》篇中的灌木和乔木的分类，在《释虫》篇中的动物分类，也大都采用了目验性的分类。以上例子中，"蟫"为衣书中的小白虫，现在古籍书函中还可以看到。"蜆"为"小黑虫，赤头，喜自经死"，故名之为缢女。作为小动物，虫豸区别于鱼和禽兽类的动物，这是大的分类。小动物中，虫与豸还可以进一步细分，其中有足的归为虫类，如蟋蟀、蜘蛛等；无足的即靠肢体屈伸爬行的小动物则归为豸类，如蚯蚓等。

《释鱼》篇为解释水生动物的名称。水生脊椎动物在动物学上称为鱼纲，为脊椎动物亚门的一纲。由于古代虫字泛指动物，鱼解释为水虫，故《释鱼》篇也包括了动物学上非鱼类的鳞介之属的水生爬行动物，古代方言中或称之为川禽。如贝、蛇、蜥蜴、龟等，说明人类对于动物的认识尚处于初始的阶段。

下面举一些《释鱼》篇中的例子：

鲲，鱼子。

科斗，活东。

蚌，含浆。

龟俯者灵，仰者谢，前弇诸果，后弇诸猎，左倪不类，右倪不若。

（均引自《释鱼》）

以上例子中，鲲意为幼小的鱼子。科斗又称为活东。龟在行走时有不同的姿态，其中俯头向下的称为灵龟，抬头仰起的称为谢龟，龟甲前掩的称为果龟，龟甲后掩的称猎龟，头偏左斜视的称为类龟，头偏右斜视的称为若龟。

《释鸟》篇为解释有关飞禽动物的名称。鸟类在动物学上同鱼类一样，也称为鱼纲，属脊椎动物亚门的一纲。《邵疏》认为："古人于鸟之名物辨之特详。《说文》云：'鸟，长尾禽总名也。''隹，鸟之短尾总名也。'此篇所释，兼长尾短尾而言之，并及于蝙蝠者，《夏小正》云：'凡有翼者为鸟也。'鼯鼠为鼠类而亦及之者，以其能飞，是亦鸟之类也。"

《释兽》篇为解释有关哺乳动物的名称。中国古代曾有六兽之称，《周礼·天官·庖人》中讲："庖人掌共六畜、六兽、六禽。"注云："六兽：麋、鹿、熊、麕、野豕、兔。"[1]《释兽》篇所释，多为野兽，与家禽不同。豕虽归在六畜，但因为野豕无法经常畜养，故将野豕归入《释兽》篇。《邵疏》认为："此篇所释牝牡之名，毛角之状，其性各殊，则有善登善顾，其形负异，则为迅头短脰，其与畜相似，则驨如马，羱如羊，兕似牛，犀似豕，所为辨其名物也……上篇《释鸟》云，四足而毛谓之兽，鼠亦四足而毛，故鼠属附见于后，齸属、须属又推类言之。"可见《释兽》篇的内容多为辨其名物，即分辨各种野兽的形状。此篇依类分为四部分，序次为寓属、鼠属、齸属、须属。

下面举一些《释兽》篇中的例子：

狒狒如人，被发，迅走，食人。（以上"寓属"）

（图十九）

---

① 杨天宇：《周礼译注》，上海古籍出版社，2004年，第55页。

豹文鼮鼠。（以上"鼠属"）

牛曰齝，羊曰齥，麋鹿曰齸。鸟曰嗉，寓鼠曰嗛。（以上"齝属"）

兽曰𧲲，人曰挢，鱼曰须，鸟曰狊。（以上"须属"）

以上例子中，既有寓属中体型像人、披着长毛发、跑得飞快的狒狒；也有鼠属中身上毛色文彩如豹般的大小鼮鼠；既描绘了齝属中各类动物吞咽食物的各种类型，如牛、羊、麋鹿吃食反刍的不同名称，以及鸟吃食时装进嗉（鸟嘴中受食之处）中吃，寄居在树上的鼠类动物则把食物含在两颊中吃的不同食物方法，也描绘了各类动物休息时的不同形态，如有深吸鼓气的、有四肢伸展的、有强口鼓鳃的，还有张翅拍打的。

关于鸟吃食时装进嗉中的食物方法，也可以从保存至今的鸟化石中得到证明。中国科学家曾从10件保存精美的中生代燕鸟新化石标本中发现，燕鸟作为现代鸟类的祖先类群，其消化系统从各方面都表现得极其先进。燕鸟化石是发现于辽宁省的热河生物群的中生代今鸟亚纲的鸟类化石，科学家们从标本中发现了几件嗉囊里保存有鱼类。深入研究后，科学家们认为，燕鸟是只吃鱼的。他们解释，燕鸟虽然长有许多尖而弯曲的牙齿，但在吞食鱼类之前并不会咀嚼，恰如长着角质喙的现生鸟类一样，这表明燕鸟的牙齿只是用于捕捉食物的。同时与食鱼现生鸟类一样，燕鸟的砂囊里并不含有胃石，但其食物中难于消化的部分，如鱼骨，可能会形成小球状物被反刍掉。这说明鸟类消化系统中能够双向运动的复杂的肌肉收缩机能在早白垩世今鸟类群中已经进化出来——将难以消化的食物通过反刍排出体外，加快了食物消化时间，使得鸟类消化系统具有更高的效率，从而减轻体重以利于飞行。这些化石为人们提供了非常好的机会来了解早期鸟类

的消化系统。我们可以看到这些早白垩世的现生鸟类的最初祖先是拥有多
么先进的消化系统^①（图二十）。

《释畜》篇为解释各类牲畜的名称。牲畜为古时受人饲养的禽兽，所
谓"在野曰兽，在家曰畜"，这是进行分析的说法，如统而言之，畜亦可
以名之为兽。古时兽、畜、牲三字意义互通。如《说文》："兽，牲也。"
凡畜养古作兽养。《周礼·天官·庖人》："庖人掌共六畜、六兽、六禽，
辨其名物"，注："六畜，六牲也。始养之曰畜，将用之曰牲。"^②此篇
依类分为六部分，序次为马属、牛属、羊属、狗属、鸡属、六畜。

下面举一些《释畜》篇中的例子：

牡曰骘，牝曰騇。　　　　　　　　　　　　（以上"马属"）

其子，犊。　　　　　　　　　　　　　　　（以上"牛属"）

未成羊，羜。　　　　　　　　　　　　　　（以上"羊属"）

未成毫，狗。　　　　　　　　　　　　　　（以上"狗属"）

蜀子，雓。　　　　　　　　　　　　　　　（以上"鸡属"）

马八尺为駥。牛七尺为犉。羊六尺为羬。彘五尺为豟。狗四尺为獒。

鸡三尺为鹍。　　　　　　　　　　　　　　（以上"六畜"）

以上例子中，分别解释了公马与母马的不同名称，小牛仔、刚出生五
个月的羊羔、没有长出长毛的小狗以及大鸡的鸡仔的不同名称，还对马、
牛、羊、猪、狗等不同的身高用不同的词汇进行了形象的描绘。

① 吕慎：《原始鸟类有先进消化系统》，载《光明日报》，2014年5月8日第12版。

② （清）阮元：《十三经注疏》，中华书局，1980年，第661页上栏。

第二节 《尔雅》与百科全书

《尔雅》是中国历史上第一部词典，具有百科词典和同义词典的性质，在中国辞书发展史上占有重要的位置，也有人将《尔雅》与中国早期的百科全书联系起来。

一、什么是百科全书

要讨论《尔雅》与百科全书的关系，首先要搞清楚什么是百科全书。1974年，英国百科出版公司刊行了第十五版全名为《新版三十卷百科全书》（*The New Encyclopaedia Britannica in 30 Volumes*），其中"百科全书"的条目说：

> 百科全书已有二千多年的历史，它把当时所取得的学术成就编成概要，并以使人容易理解的形式介绍给读者。"百科全书"（Encyclopaedia）这个词源出于希腊文，最初的含义是知识的系列或者是知识的完整体系，也就是一种全面的教育……词典这个词一直被广泛地用来命名百科全书……甚至到今日，一部现代百科全书还会被称作一部词典，但从来也没有人把好的词典叫做百科全书。
>
> 在漫长的历程中，"百科全书"这个词的词义有了重大的改变。目前许多人把一部百科全书想象成一部多卷本的、各方面知识的简编，还配有地图、非常详细的索引以及大量的附录，如参考书目、插图、表格、略语及外来语词汇表、地名词典等。

……

许多世纪来，百科全书一直是一种知识的里程碑，百科全书收编的范围和历史概况，体现着学术知识的发展进程，它们把当时人们所掌握的知识大量记录下来[①]。

二、古代知识的完整体系

《尔雅》分为十九篇，前三篇为一般语词，后十六篇为专门（特殊）语词，全书向读者展示了一幅古代自然生活和社会生活的丰富画卷，成为古代知识发展的里程碑，代表了秦汉时期人们对自然和社会的认识水平。如果就其涉猎的学科而言，包括了语言、伦理、建筑、物理、化学、饮食、音乐、天文、地理、植物、动物等诸多学科。这是就粗略的分类而言，如果再要分析得细致一些，则涉猎的学科更多。如同样是动物学，在《释虫》《释鱼》《释鸟》《释兽》《释畜》等篇中，既有一般动物学的知识，也有水生动物的知识，还有飞禽的知识以及哺乳动物的知识等，这样详尽的学科分类和知识体系，在先秦至汉代的历史时期，可以称得上是知识的系列和知识的完整体系了。古人认为，《尔雅》所载，大极天地四时之幽窈，细察昆虫草木之琐屑，显悉人事之庶，微析群言之错。故自汉以下，列诸经籍，布诸学官，儒者靡不览诵。这些评价，充分体现了《尔雅》所载内容的广博性和系统性，也证明了《尔雅》作为古代知识的系列和完整体系的百科全书的某些性质[②]。

---

① 周忠杰译：《百科全书》，载《辞书研究》1979 年第 1—2 辑。
② 王世伟：《论〈尔雅〉与百科全书》，载《华东师范大学学报（哲社版）》1988 年第 4 期。

三、古代教育的文献工具

《尔雅》是中国古代重要的儒家经典之一，先后列入"开成石经"和《十三经》。在古代书目中，《尔雅》曾被著录在"孝经"类，与《弟子职》等教育文献归为同类，成为古代学生入学所要学习的重要内容。但《尔雅》与一般的初始教育文献不同，它具有学习儒家经典及其他文献工具书的性质。《尔雅》在历代目录中多归在小学类，列在经部之末，从而成为经学的附庸，说明了它是攻读经书的工具。古人曾把《尔雅》誉为教育与学习的"津涉""铃键""襟带""户牖""渊海""梯航"，这些生动的比喻，充分说明了《尔雅》的教育与学习工具的特点，是古代接受全面教育由此岸通向彼岸的津涉和梯航。

作为中国古代第一部词典，在教育和学习上具有同义词典的性质，以《释诂》开篇首个词条诂训为例：

初，裁衣之始。

哉，通才，草木之初。

首，人体之始。

基，筑墙之始。

肇，开门之始。

祖，人类之始。

元，人体之始。

胎，人生之始。

俶，品德之最高者，引伸有始义。

落，庙堂宫室建成之始。

权舆，植物生长之始。

以上从"初"到"权舆"共十一个词，都解释为"始"，但含义有所不同。这种同义词群，要进行具体的分析，不能采用拿来主义的方针，其中多有同训异义的情况。《尔雅》中的被释词和释词往往是多义词，被释词与释词只是在某一个义项方面相同或相近，不能认为是同训关系而不分语言环境进行互相替代或转相训释。

四、百科词典与百科全书

在世界百科全书发展历史上，词典一直被广泛地用来命名百科全书。自从德国作家、编辑学家斯盖利（P.Scalich）于 1559 年第一个用"百科全书"来命名他的一部书后，这一名称并没有被人们普遍接受，虽然当时"百科全书"往往被用作参考工具书的代名词，直到狄德罗（D.Diderot）（图二十一）把它时髦地用到他主编的那部具有历史意义的法国百科全书中之后，"百科全书"的名称才被人们广泛使用。

在《新版三十卷百科全书》"百科全书"词条中谈百科全书的种类，其中包括：综合性百科全书、百科词典、现代百科全书、专题百科全书、儿童百科全书、专业百科全书和国家与地区百科全书等。可见，百科词典也是百科全书的一种类型。同时，《新版三十卷百科全书》认为，"百科全书"这个词不但指大型的古今综合的百科全书，还包括像哲学词典、美洲历史词典以及世界年鉴那样的著作，世界年鉴被认为是一种当年资料性的百科全书。这样，专科词典与年鉴类的工具书也同百科全书有了不解之缘。

百科全书是设法提供每一有主题已知知识的全部概要的参考工具书，为了达到这一目标，它采用了许多有助于完成这一任务的特殊手段，其中包括插图、地图、图解、图表、统计报表等。《尔雅》在晋代时，就有了图谱。郭璞《尔雅序》曾提到："别为《音》《图》，用启未寤。"《晋书·郭璞传》也提到，郭璞"别为《音义》《图谱》"。《隋书·经籍志》经部"论语类"载："《尔雅图》十卷，郭璞撰。梁有《尔雅图赞》二卷，郭璞撰，亡。"[①] 根据以上文献记载，郭璞所撰《尔雅图赞》曾与《尔雅注》别行，且有同书异名的情况。后《尔雅图》曾多次影印，图文并茂，形象具体，启人未寤。

如果说，早期百科全书的索引用处还不算大的话，那现代百科全书最大的附属成分无疑是全书的索引了。如 20 世纪 70 年代《新版英国百科全书》问世之后，英国百科出版公司经过努力，在原书基础上又增加了《索引》二卷，同《简编》《详编》《类目上》一起，成为该书的四大部分之一。在历史上，也有学者为《尔雅》编过索引。哈佛燕京学社引得编纂处曾于 1941 年编纂《尔雅引得》（附标校经文），其内容为逐字索引，并备有几种检索法。这样，《尔雅》某字词出现在哪篇，共出现过多少次，一索即得，给研究《尔雅》提供了很大的方便。随着古籍数字化的进程，现在包括《四库全书》《四部丛刊》等大型古籍丛书都能够进行全文检索了，《尔雅》的全文检索也已发展成数字化和网络化了。

综上所述，把《尔雅》称之为中国乃至世界上最早的百科全书，并非无稽之谈。百科词典与百科全书的界限也并非泾渭分明，一清二楚。曾有学者试图将两者加以区分："一部通用艺术和科学英语词典不仅注释了艺术术语的词义，还说明了艺术本身是怎么一回事。"更有学者认为："一

---

① （唐）魏徵、令狐德棻:《隋书·经籍志》第 4 册经部论语类，中华书局，1973 年，第 937 页。

部通用艺术科学英语词典，有术语的详细解释，对重要的事物作具体的
说明，由第一流作家撰稿。"① 以上引文中的"词典"，实际上论述的是
百科全书的概念。1888年，《牛津大辞典》的编者詹姆斯·默雷（James
A.H.Murray）较为清楚地阐明了两者的区别，他在《牛津大辞典》序中说：
"英语辞典不是百科全书，百科全书是阐释事物，辞典是解释语词，只是
为了确定语词的正确含义和用法才去阐释事物。"② 一般而言，词典仅仅
是解决 what（是什么），而百科全书除了要回答 what 外，还要回答 when（时
间）、where（地点）、who（谁）、why（原因）、how（如何）等项内容。
从这个意义上讲，《尔雅》同百科全书有着明显的区别，《尔雅》只是对
字词进行训释，属于训诂性质；而百科全书则是用词的形式概述人类已有
的知识，属于知识性质。因此，《尔雅》还不能被认为是严格意义上的百
科全书，而是具有百科全书某些性质的词典，但这并不影响《尔雅》在中
国百科全书发展历史上占有一定的地位。

第三节　训诂学的鼻祖

训诂，用通俗的语言来表达，就是注解。训诂学就是要研究用语言解
释语言的方法、条例，进而探讨语言文字的源流、系统及其发展规律。《尔
雅》作为古代自然和社会的知识渊薮，其重要价值也体现在训诂学。《尔
雅》被认为是训诂学的起源，它是我国最早的训诂学的专书。在现存文献

---

① 周忠杰译：《百科全书》，载《辞书研究》1979 年第 1—2 辑。
② 同上。

中，最早把训诂二字连在一起使用的，是秦汉间鲁人毛亨为《诗经》所作的诂训传，《汉书·艺文志》六艺略诗类中著录有《毛诗诂训传》三十卷。三国魏张揖《杂字》中认为："诂者，古今之异语也"，"训者，谓字有意义也"。①唐孔颖达在为《毛诗正义》作疏中也认为："《尔雅》所释十有九篇，独云诂训者，诂者，古也，古今异言通之使人知也；训者，道也，道物之貌以告人也。"②《尔雅》十九篇，开首就是《释诂》和《释训》篇，其解词释义的宗旨，就是"释古今之异言，通方俗之殊语"。由于语言有古今之别、地域之差、常用难僻之异、书面语口头语之分，这就需要进行注解训释，《尔雅》就承担起了这样的训诂使命。从《尔雅》的内容来看，举凡训诂学所研究的内容、方法、术语、条例等，均可在这里找到它发展的源始。

一、同训

同训就是用一个词来解释两个以上的同义词或近义词的诂训方法。这种训诂的方法在《尔雅》中运用得最多。如：

仇、雠、敌、妃、知、仪，匹也。　　　　　　　　　（《释诂》）

其中"仇、雠、敌、妃、知、仪"均为当时的同义词或近义词，而"匹"则为当时通用的词。

"仇、雠"意义相同。《说文》卷八人部："仇，雠也。""雠"解

---

① （唐）陆德明撰，黄焯断句：《经典释文》，中华书局，1983年，第407页上栏、413页上栏。

② （清）阮元：《十三经注疏》，中华书局，1980年，第269页上栏。

释为以言相对，以言相对就是匹对的意思。所以《诗经·无衣》"与子同仇"，《诗经·皇矣》"询尔仇方"，两"仇"字毛亨都注释为"匹"①。仇字又同逑字相通。脍炙人口的《诗经·关雎》"窈窕淑女，君子好逑"，其中的"逑"字，毛亨正注释为"匹"，而这一"逑"字原来也写作"仇"②。

敌，《说文》卷三攴部："敌，仇也。"《左传》文公六年"敌惠敌怨"，晋杜预注释说"敌犹对也"③。"对"与"匹"义同。《尔雅·释诂》也有"敌，当也"。可见，敌、对、当、匹在意义上都是相通的。

妃，《说文》卷十二女部："妃，匹也。"妃起初解释为配偶，后来则专门用来称呼后帝之妾或太子、王侯的妻子。"妃"字有时同"匹"字连用，如《管子·君臣》："古者未有君臣上下之别，未有夫妇妃匹之合。"可见妃可解释为匹。

知、仪解释为匹并不是显而易见的，需要转一些弯。《墨子·经上》篇中有这样的话："知，接也。""接"以交会对合为义，所以知也训为匹。《诗经·隰有苌楚》："乐子之无知，"郑玄注："知，匹也，疾君之恣，故于人年少沃沃之时乐其无妃匹之意。"④

仪，《说文》卷八人部："仪，度也。"度要上下比照，故引伸为匹。《诗经·柏舟》："髧彼两髦，实维我仪。"毛亨注："仪，匹也。"⑤

以上《尔雅》这种同训的方法，为我们研究古汉语中的同义词群提供了丰富的材料，我们可以根据《尔雅》大量同训的例子来辨析、比较古文

---

① （清）阮元：《十三经注疏》，中华书局，1980年，第373页下栏、第522页上栏。
② （清）阮元：《十三经注疏》，中华书局，1980年，第273页中栏。
③ （清）阮元：《十三经注疏》，中华书局，1980年，第1845页上栏。
④ （清）阮元：《十三经注疏》，中华书局，1980年，第382页下栏。
⑤ （清）阮元：《十三经注疏》，中华书局，1980年，第312页下栏。

献中的同义词或近义词。

二、互训

互训就是同义词或近义词互相训释的训诂方法。从《尔雅》互相训释词的对象来分析，互训可以分为两类：

一类是被释词的同义词群的互相训释，如：

> 遹、遵、率、循、由、从，自也。遹、遵、率，循也。（《尔雅·释诂》）

其中"自"为释词，"遹、遵、率、循、由、从"为被释词，上例中的后面第二句就是属于同义词群之间的互相训释。《郝疏》在疏释这段词语时运用了互训的方法："《说文》云：'自，始也'，又云：'鼻也'，鼻亦始也。人生从鼻始，百体由之。故借为自此至彼之义。自训从也、由也、率也，从亦为由，由亦为率，率亦为自，展转相训，其义俱通也。"郝氏在这里讲的"展转相训"，就是互训的意思。

另一类是释词与被释词互相训释。如：

> 《尔雅·释诂》："远，遐也。"郭璞注："遐也远也，转相训。"
> 这是比较典型的互训的例子。如《尔雅·释宫》首条"宫谓之室，室谓之宫"，也是这样的例子。

从《尔雅》互训排列的次序来看，也可以分为两类，一类是先后相次的，如《尔雅·释诂》："法、则、刑、范、矩、庸、恒、律、戛、职、秩、常也。

柯、宪、刑、范、辟、律、矩、则，法也。"这比较容易掌握。另一类是
互训的例子分列在同篇不同的地方，如《尔雅·释诂》篇首第一条有："首、
元，始也"；而《尔雅·释诂》篇末又云："元、良，首也。"又如，《尔
雅·释诂》："溢、慎，静也"；又云："溢，慎也，"两条互训之间有
100 多条其他的训释，如若不加注意，很容易疏略。所以要掌握这部分内容，
需要前后仔细对照看，现在有了全文检索的学习工具，就更方便了。

三、递训

递训就是前后的词语递相训释的训诂方法。如：

> 干、流，求也。流，覃也。覃，延也。（《释言》）
>
> 蝾螈，蜥蜴；蜥蜴，蝘蜓；蝘蜓，守宫也。（《释鱼》）

以"蝾螈"为例，晋郭璞注："转相解，博异语，别四名也。"这四
种名称实际上指的是同一种动物，只是名称不同。这种动物在动物学上分
在爬行纲，属鳞亚纲的一目上，俗称四脚蛇。宋邢昺《尔雅注疏》解释说：
"蝾螈、蜥蜴、蝘蜓、守宫，一物，形状相类而四名也。"[①]《尔雅》这
种递训的方法在后来的东汉许慎的《说文》中用得很普遍。如《说文》卷
二口部："吞，咽也"；"咽，嗌也"；"嗌，咽也"。又如，《说文》
卷三言部："语，论也"；"论，议也"；"议，语也"。

四、反训

反训就是相反为训的训诂方法，即用反义词来进行训释。这种语言现
象在《尔雅》里面已经有所反映，晋郭璞较早地发现了这种训诂方法。《尔

---

① （清）阮元：《十三经注疏》，中华书局，1980 年，第 2641 页中栏。

雅·释诂》："徂、在，存也。"郭璞注："以徂为存，犹以乱为治，以
曩为向，以故为今，此皆诂训，义有反复旁通，美恶不嫌同名。"郭氏在
给《方言》进行注解时也提到了相类似的观点。《方言》："逞、苦、了，
快也。自山而东或曰逞，楚曰苦，秦曰了。"郭璞注："苦而为快者，犹
以臭为香、乱为治、徂为存，此训义之反复用之是也。"①

在《尔雅·释言》篇中也有反训的例子。《尔雅·释言》："逆，迎
也。"《说文》卷二辵部："逆，迎也……关东曰逆，关西曰迎。""逆"
本为辵之迎，也即违辵的意思。《战国策·齐策》："故专兵一志以逆秦"，
注：逆，拒也，一本作逆谓拒之②。《郝疏》在"逆，迎也"句解释说："拒
与迎义相反者，逆对顺言故有拒意，逆以迎言，故有逢遇之意。诂训有相
反而相同者，此类是也。"逆训为迎，在现代汉语中有所延续保留，如"逆
水行舟""逆流而上"，以上成语中的逆水、逆流，就是迎着流水的意思。

有学者曾将以上这种相反而相同的诂训语言现象分为五类，即授受同
词之例、古今同辞之例、废置同辞之例、美恶同辞之例、虚实同辞之例③。
反训的语言现象在古文献中并不多见，它的出现，旨在说明语义的变迁和
反复旁通的现象，也反映了古代训诂方法的多样性和词语训释的丰富性。

五、声训

声训就是用声音相同或相近的字词来进行训释的诂训方法，它往往从
声音上推求语词意义的来源和所以命名的道理。

《尔雅·释山》："独者，蜀。"郭璞注："蜀亦孤独。""蜀""独"

---

① （清）钱绎：《方言笺疏》，上海古籍出版社，1984年，第144—145页。

② （汉）刘向：《战国策》"齐策三"，上海古籍出版社，1978年，第391页。

③ 齐佩瑢：《训诂学概论》，中华书局，1984年，第145—155页。

上古声音相近，两字均属"屋"韵；其中独属"定"组，为舌头音，蜀属"禅"纽，为舌面音，虽两字声音有细微差别，但同属舌音，两字声调也均为入声。可见，"独者蜀"是用声训的方法来训释字词并追溯词源。《郝疏》则将独立的山峰为什么用"蜀"来解释的源流讲得更为清晰："蜀本桑虫，其性孤特，故《诗》言'蜎蜎者蜀'以兴，喻敦彼独宿，是蜀有独意。蜀形类蚕，今棲霞县北三十里有蚕山，孤峰独秀，旁绝倚连，旧名为蚕，合于《尔雅》矣。"

《尔雅·释言》："颠，顶也。"郭璞注："头上。"颠顶为双声字。《说文》颠顶互训：颠，顶也；顶，颠也。颠顶所从属的部首"页"解释为人头。头在人之上部，头上也即颠顶之意。以顶训颠，既是用声训的方法，也是用互训的方法。《尔雅》一书主要以义训见长，以声训而言，古代辞书中的《释名》和《方言》更具特点。

六、义界

义界是划定字词义界的训诂方法，这种方法用若干词语来表述某个字词意义的内含，以与其他字词相区别。

按照逻辑学讲，下定义的要求是属概念再加上种差。《尔雅》在运用义界的训诂方法时就常常注重属中求别。如"豆"是各种豆的共名，训诂学上称为大名，或称为共名；那么木豆、竹豆、瓦豆则是豆中的一类，训诂学上称为小名或称为别名。这种大名小名的分别，实际上就是词义的广狭之分，如果不予以划定义界，就很容易混淆。如：

木豆谓之豆，竹豆谓之笾，瓦豆谓之登。（《释器》）

暴雨谓之涷，小雨谓之霡霖，久雨谓之淫。（《释天》）

以上例子中不仅把大名同小名之间的界限划清楚了，也把小名之间的区别划清楚了。没有比较就没有鉴别，《尔雅》在划定义界时，多采用了比较的方法。

语言中多有一词多义的现象，为了避免误解，《尔雅》中有时采用申释的训释方法。如《尔雅·释言》："祺，祥也。"郭璞注："祺，吉也。谓吉之先见。"宋邢昺《尔雅疏》云："祺，祥也；祺，吉也。"本来只要"祺，祥也"就可以了，为什么郭氏注和邢氏疏中还要加上"祺，吉也"来进行申释呢？这是因为"祥"本来是个中性词，既可解释为吉，也可解释为凶，而《尔雅·释言》篇中所训释的显然是指福善为祥，所以要用申训的方法加以明确。《郝疏》中更明确地点明了以上申释的训释方法："祺既训祥又言吉者，盖祥之一字本兼吉凶二义……故申释之。"古代汉语的词汇多偏于综合，演变的过程中逐渐趋向分析，如祥的吉凶二义现在已经分化了，祥一般只具有吉的意义。

七、训诂术语

如同其他学科一样，训诂也有它专用的术语。在《尔雅》成书之时，虽然不能说当时的训诂学已经发展到十分完备细密的程度，但是一些术语的应用也具有了约定俗成的习惯，下面就是经过归纳的一些术语。

1. 某，某也（某、某，某也；某某，某也；某，某某也）。用"也"字表示某词或某一组词的释义已经完了。这类术语在《释诂》《释言》《释训》中运用得最多，前面是被释词，后面是释词。如：

迁、运，徙也。　　（《释诂》）

陪，朝也。　　（《释言》）

抑抑，密也。　　　（《释训》）

朔，北方也。　　　（《释训》）

有时可以省去"也"字，如《释草》："荼，苦菜。""荷，芙渠。"

2.为、曰、谓之（为之）。这几个术语相当于现代汉语的"叫""叫做"，前面是释词，后面是被释词。如：

春猎为蒐，夏猎为苗，秋猎为狝，冬猎为狩。（《释天》）

大野曰平，广平曰原，高平曰陆，大陆曰阜，大阜曰陵，大陵曰阿。
（《释地》）

邑外谓之郊，郊外谓之牧，牧外谓之野，野外谓之林，林外谓之坰。
（《释地》）

绝高为之，京。非人为之，丘。（《释丘》）

3.属（丑）。这是用以表示事物共同性与区别性的训诂术语。属又称丑。
如：

蘩之丑，秋为蒿。（《释草》）

郭璞注："丑，类也。春时各有种名，至秋老成，皆通呼为蒿。"《尔雅·释虫》篇中曾分释了蠚丑等诸多虫类的名称，邢昺疏曰："此辨虫类所生及所好之状不同者也。"

4. 之言。这一训诂术语多用作声训。如：

　　鬼之为言归也。（《释训》）

　　鬼、归声近，训鬼为归，是由于古人认为人死为鬼，鬼犹归也，人去世之后为归人。

八、开尔雅派训诂的先河

　　《尔雅》自问世之后，影响极大，特别是汉代崇尚经学，训诂之学便更加受到重视，因为研究经学便离不开儒家经典，要读懂儒家经典，首先要理解其中字词章句的含义，所以说经之家多借《尔雅》以证古义，经儒也备习《尔雅》。从训诂学史上来看，由于《尔雅》开创性的工作，从而形成了尔雅派的训诂。胡朴安曾著《中国训诂学史》一书，其中的第一章，就是专门讨论"尔雅派之训诂"[①]。《尔雅》开尔雅派训诂的先河，其作用体现在以下几个方面：

　　一是《尔雅》与《说文》《广韵》成鼎足之势。训诂的方法，一般可以分为三种，即形训、声训和义训，运用这三种方法的古代字书也相应地分别称为形书、音书和义书。《尔雅》作为义训的开山之作，确立了其在训诂学史上的地位。宋晁公武在《郡斋读书志》小学类《尔雅》提要中就曾提到了这样三种训诂的字书，即论体制之书的《说文》，论训诂之书的《尔雅》和《方言》，论音韵之书的《四声谱》及西域的反切之学。清人段玉裁在《广雅疏证序》中也曾谈到了这三类字书："形书，《说文》为之首，《玉篇》以下次之，音书，《广韵》为之首，《集韵》以下次之。

---

　　① 胡朴安：《中国训诂学史》，商务印书馆，1937 年。

义书，《尔雅》为之首，《方言》《释名》《广雅》以下次之。"①可见，《尔雅》同《说文》《广韵》等形成了形书、音书和义书的三足鼎立之势，成为古代小学字书训诂类义书的代表作。

二是以"雅"名书，群雅叠出。《尔雅》的影响，突出表现在汉代之后，诸多训诂类的义书书名都冠上了"雅"字，成为研究古代汉语重要的文献门类。这些雅书，按其内容分，有补充增益《尔雅》的，有专门搜辑骈语叠字的，有专门搜辑各书训诂并进行考证的，也有专门搜辑某类名物或语词的等等，下面分别举例加以介绍。

《小尔雅》，这是补充增益《尔雅》的雅书。在《汉书·艺文志》中并没有著录作者的姓名。有目录书认为作者是秦末儒生孔鲋（约前264—前208，字甲，孔子后裔），也有学者认为是汉末人掇拾之书。《小尔雅》共分为十三篇，即《广诂》《广言》《广训》《广义》《广名》《广服》《广器》《广鸟》《广兽》《广度》《广量》《广衡》，所释文字虽然不多，但却可以补充《尔雅》未及或未备之处。以《广诂》篇为例，《小尔雅》共有 51 条训诂释语，其中 36 条是《尔雅》所没有的。即以《尔雅》所有的 15 条进行比较，《小尔雅》的内容也比《尔雅》丰富许多，如"大"字条，《尔雅》收有 39 个词，而《小尔雅》增加了"封、巨、莫、莽、艾、祁"等《尔雅》所没有的 6 个词，而这些增加词语的训诂，均可以在先秦文献中得到书证。在《广服》篇中所增益的"织、布、缟、素"等也同样如此。至于增广的"义、名、度、量、衡"等篇，都是《尔雅》原先所未曾专门立篇的内容。这些不同，体现了《小尔雅》的学术价值。西晋杜预（222—

---

① （清）段玉裁：《广雅疏证序》，载清王念孙《广雅疏证》，江苏古籍出版社，1984年，第2页上栏。

284）注《左传》，唐代李善（？—689）注《文选》，都曾引用《小尔雅》来进行注解，这也证明《小尔雅》在群雅和训诂上是值得重视的文献。

《广雅》，这也是补充增益《尔雅》的雅书，魏张揖撰。《广雅》前附有张揖的《上广雅表》。张氏认为，《尔雅》之为书也，文约而义固也；其陈道也，精研而无误。张氏将《尔雅》作为是"七经之检度，学问之阶路，儒林之楷素"，认为《尔雅》"包罗天地，纲纪人事，权揆制度，发百家之训诂"，但《尔雅》的内容未能悉备。张揖自谦为"体质蒙蔽，学浅词顽，言无尼取"，但他以所识广收博录，择撢群艺，凡是"文同义异，音转失读，八方殊语，庶物易名，不在《尔雅》者"，都"详录品核，以著于篇"。张氏增广《尔雅》，成书较早，历来受到训诂学家的重视。清代学者王念孙的《广雅疏证》是此书最好的注本，成为训诂学最重要的著作之一（图二十二）。

《埤雅》，这也是补充增益《尔雅》的雅书，宋代学者陆佃（1042—1102）撰。此书所以取名《埤雅》，是表示作为《尔雅》之辅助。《埤雅》全书分为八类二十卷，二百九十七章，基本沿袭了《尔雅》的体例，对所释动植物的形状、特点和性能等均有具体的解释，并能依据字词的声音，寻求事物所以然的原因，与《释名》一书有相类之处，但书中或有穿凿附会的弊病。

《尔雅翼》，这也是补充增益《尔雅》的雅书，宋代学者罗愿（1136—1184）撰。从书名可以了解到此书是作为《尔雅》的羽翼。全书分为六篇三十卷，考据精博，体例谨严，对所举之物，训释较为详尽。清代《四库全书总目》认为此书"在陆佃《埤雅》之上"[1]。

---

[1] （清）永瑢等：《四库全书总目》，中华书局，1965年，第342页中下栏。

《骈雅》，这是专门收辑冷僻深奥的骈语叠字加以训释的雅书，明代学者朱谋㙔（？—1624）撰。语词往往联二为一，骈异而同，所以把两两成对的词放在一起，又用两个字来进行解释，所谓"骈之为言并马也，联也，谓字与说俱耦者也"，这就是《骈雅》书名和训释的特点。全书分为十三篇。清代学者史梦兰也撰有《叠雅》，所谓形容之妙，每用重字；名物之称，尤多复字。这也是专门讲叠字的雅书。

《通雅》，这是专门收辑各书训诂加以考证的雅书，明清之际学者方以智（1611—1671）撰。此书的宗旨，据作者的自序，是要在征考，"期于通达"，故取名"通雅"。《通雅》考证语词，以群经诸子为证，博及集部小说，征引文献，都标明出处，考证详尽而又清晰，体例十分严密。在附录中有《谚原》的论文，专门讨论通俗语词的用法，说明作者对于俗语也较为重视。全书分为二十类五十二卷，规模较大，有人把它喻为类书式的词典。

《别雅》，这是专门收辑音同字别或音近字别但意义相同的词语并加以训释的雅书，清代文字学家吴玉搢（1698—1773）撰。此书初名《别字》，后来因为体例同《尔雅》相似，改称《别雅》。此书依韵编排，所收字词，均列其别字异体，分别注明出处，并分别说明同用、通用、转训和假借的关系，可据以了解古今文字分合异同的源由。但书中所收或有漏略。

《说雅》，这是专门收辑《说文》所收文字并按《尔雅》体系重新排列并进行训释的雅书，清朱骏声撰。《说文》多解释字的本义，《尔雅》则以同义词、近义词、假借词互为训释，所以《说雅》按《尔雅》的体例类分后，释义较《说文》更为全面完整，较《尔雅》更为细致精晰。《说文》原为形书，现在却将其作为义书重新类分，这件事本身也说明了尔雅派训诂影响之大。

《选雅》，这是专门收辑《文选注》中的训诂并按《尔雅》体例重新编辑依类记之的雅书，清末学者程先甲（1871—1932）撰。唐李善《文选注》是《文选》的著名注本，内有许多训诂资料。程先甲将李善《文选注》中的有关训诂资料按《尔雅》十九篇依类记之，成为《文选注》的训诂总汇，也成为研究李善《文选注》的工具性研究成果。

《比雅》，这是专门收辑各书训诂资料并进行属辞比事训释的雅书，清代学者洪亮吉（1746—1809）撰。全书汇辑了先秦至汉魏古代文献中的有关训诂资料，属辞比事，训释多两两相比，互相对照，为读者提供了诸多同词异训的书证，为训诂学研究提供了丰富的文献研究资料。

此外，清代以雅名书的还有不少，如清代学者陈奂（1786—1863）的《毛雅》（又称《毛诗传义类》），将《毛诗》的训诂，按《尔雅》的体例而类记下来，实际上可以称之为"毛诗雅"。还有周春（1729—1815）的《佛尔雅》，王初桐（1729—1820）的《西域尔雅》，冯登府（1780—1840）的《梵雅》，魏源（1794—1857）的《蒙雅》，史梦兰（1813—1898）的《叠雅》，俞樾（1821—1907）的《韵雅》等[1]。

三是群雅一遵《尔雅》分类体系。自《尔雅》类分为十九篇之后，以雅名书者一遵《尔雅》分类体系，虽然有些类名或有不同，但也大同小异，基本上是在《尔雅》十九篇的基础上进行增删。《尔雅》的分类体系，流风所播，一直影响到清代，这可从以下所附《群雅分类体例对照表》中了解相关的情况。

---

① 窦秀艳：《中国雅学史》，齐鲁书社，2004年，第220—233页。

群雅分类体例对照表

书名	作者	篇名与《尔雅》相同者	篇名与《尔雅》相异者
《尔雅》		诂、言、训、亲、宫、器、乐、天、地、丘、山、水、草、木、虫、鱼、鸟、兽、畜	
《小尔雅》	（汉）孔鲋	诂、言、训、器、鸟、兽	义、名、服、物、度、量、衡
《广雅》	（魏）张揖	诂、言、训、亲、宫、器、乐、天、地、丘、山、水、草、木、虫、鱼、鸟、兽、畜	
《埤雅》	（宋）陆佃	鱼、兽、鸟、虫、木、草、天	马
《尔雅翼》	（宋）罗愿	草、木、鸟、兽、虫、鱼	
《骈雅》	（明）朱谋㙔	诂、训、宫、器、天、地、草、木、虫、鱼、鸟、兽	名称、服食
《通雅》	（明）方以智	诂	天文、地舆、身体、称谓、姓名、官制、事制、礼仪、乐曲、乐舞、器用、衣服、宫室、饮食、算数、植物、动物、金石、谚原
《说雅》	（清）朱骏声	诂、言、训、亲、宫、器、乐、天、地、丘、山、水、草、木、虫、鱼、鸟、兽、畜	
《选雅》	（清）程先甲	诂、言、训、亲、宫、器、乐、天、地、丘、山、水、草、木、虫、鱼、鸟、兽、畜	
《比雅》	（清）洪亮吉	诂、言、训、亲、宫、器、乐、天、地、丘、山、水、草、木、虫、鱼、鸟、兽、畜	人、舟
《支雅》	（清）刘灿		词、人、官、学、礼、兵、舟、车、岁、物

从上表中了解到，《广雅》《尔雅翼》《说雅》《选雅》类名同《尔

雅》完全相同，其他如《埤雅》《骈雅》《比雅》只是极个别类名或有不同。究其原因，或是篇名的分化，或是异名同实。《小尔雅》一半类名与《尔雅》完全相同，还有一半中有些类名是内容分化和异名同实的情况，另外则是增加了度、量、衡等内容。《通雅》和《支雅》的篇名虽然与《尔雅》不一样，但大同小异，没有太多本质上的差异。综而论之，群雅基本上是在《尔雅》分类的体系上发展过来的。

第三章 《尔雅》的注本

《尔雅》自问世之后,为其作注者代不乏人。据《隋书·经籍志》《旧唐书·经籍志》《新唐书·艺文志》《经典释文序录》等文献的记载,晋代郭璞作注前后至唐代,有犍为文学、刘歆、樊光、李巡、孙炎等注,另有沈旋集注,还有施乾、谢峤、顾野王、江灌、曹宪等撰音。而晋代郭璞的《尔雅注》成为历史上最著名、也是最有影响的注本。之后,唐代陆德明的《尔雅音义》、宋代邢昺的《尔雅疏》、清代邵晋涵的《尔雅正义》和郝懿行的《尔雅义疏》,今人周祖谟的《尔雅校笺》和朱祖延(1922—2011,江苏宝应人)主编的《尔雅诂林》等,都先后成为历代《尔雅》的重要注本和有代表性的研究成果。

第一节 郭璞《尔雅注》

郭璞的《尔雅注》在历代书目中大都著录为三卷,但也有著录为五卷的,这是由于古人对历史文献分卷的不同,可以作为不同版本卷次的研究,但并不涉及内容的增删。据《晋书·郭璞传》记载,郭璞好经术,博学而高才,好古文奇字,对于阳阴历算均有研究,"注释《尔雅》,又别为《音义》《图谱》。又注《三苍》《方言》（图二十三）、《穆天子传》《山海经》及《楚辞》《子虚、上林赋》数十万言"[①]。可知郭璞对于文字训诂、天文历法、风俗词赋等很有造诣，治学极为广博，这就为郭璞注释训诂百科全书式的经书《尔雅》奠定很好的学识基础。

一、郭注《尔雅序》

郭璞注本的《尔雅序》很短，仅二百多字，但内容很丰富，一直被视为《尔雅》研究的重要史料和依据，其内容包括以下几个方面：

1. 明确了《尔雅》的性质和特点。《尔雅序》云："夫《尔雅》者，所以通诂训之指归，叙诗人之兴咏，总绝代之离词，辩同实而殊号者也。"

2. 指出了《尔雅》的功能和意义。《尔雅序》云："诚九流之津涉，六艺之钤键，学览者之潭奥，摛翰者之华苑也。若乃可以博物不惑、多识于鸟兽草木之名者，莫近于《尔雅》。"

3. 论述了《尔雅》的产生及其年代。《尔雅序》云："《尔雅》者，盖兴于中古，隆于汉氏。"

4. 交代了作注的缘由过程和发凡起例。《尔雅序》云："豹鼠既辨，其业亦显。英儒赡闻之士，洪笔丽藻之客，靡不钦玩耽味，为之义训。璞不揆梼昧，少而习焉，沈研钻极，二九载矣。虽注者十余，然犹未详备，并多纷谬，有所漏略。是以复缀集异闻，会稡旧说，考方国之语，采谣俗之志，错综樊、孙，博关群言，剟其瑕砾，搴其萧稂。事有隐滞，援据征之。其所易了，阙而不论。别为《音》《图》，用祛未寤。辄复拥篲清道，企望尘蹺者，以将来君子为亦有涉乎此也。"这里较为详细地说明了郭氏历时 29 年之功，错综旧注，考采方俗，缀闻补漏，援据纠谬，别为《音》

---

① （唐）房玄龄等撰：《晋书·郭璞传》，中华书局，1974 年，第 1910 页。

《图》，考校训诂《尔雅》的艰辛过程。

二、《尔雅注》释例

郭璞的《尔雅注》，根据其训释内容分析，主要有以下这些释例。

1. 引用文献例。郭注中引用了大量文献，与《尔雅》原文相互证明。据统计，郭璞注解中引用的文献种类近40种，遍及经、史、子、集。如经部有《诗经》《尚书》《周礼》《仪礼》《礼记》《周易》《左传》《公羊传》《穀梁传》《论语》《孟子》以及《仓颉篇》《方言》《广雅》等，史部有《国语》《史记》《逸周书》《汲冢竹书》等，子部有《晏子春秋》《吕氏春秋》《韩非子》《淮南子》《穆天子传》《山海经》《孔子家语》《本草》等，集部有《离骚》等，其中《诗经》引用最多。也有不引书名，仅引用某书篇名的，如《月令》为《礼记》的篇名，《夏小正》为《大戴礼记》的篇名，而《周官》则为《周礼》一书的别称。

2. 古今异语例。郭注中有今人云某、今人呼某、今之某、犹今言某、今人称某、今某地呼某等释语，这些都是为了说明古语今语的区别。如《释言》篇："间，倪也。"郭注："《左传》谓之谍，今之细作也。"说明"间谍"一词在郭注之前或称为"间"，或称为"谍"，郭璞时则称为"细作"了。

3. 同实异名例。《尔雅》中，一个名物往往有多种名称，所谓"辨同实而殊号者也"。如《释诂》篇中的释词"大也"，被释词多达39个。《释宫》篇："宫谓之室，室谓之宫。"郭注："皆所以通古今之异语，明同实而两名。"这就是同实异名的例子。

4. 方言俗语例。郭璞曾经注释过《方言》一书，所以对于方言俗语很有研究，在《尔雅》的注释中，郭氏往往采用方言俗语的训释方法。如《释言》篇："剂、剪，齐也。"郭注："南方人呼剪刀为剂刀。"又如《释器》

篇："不律谓之笔。"郭注："蜀人呼笔为不律也,语之变转。"

5. 展转相训例。《尔雅》郭注中有"转相训""通其名""反复相训,以尽其义""互相训""转相解""展转相解,广异语"等训释语,都是展转相训的训诂方法的应用,大都是被释词群之间的互相训释,也有采用递训的方法。如《释诂》篇:"允、孚、亶、展、谌、诚、亮、询,信也。""展、堪、允、慎、亶,诚也。"郭注:"转相训也。"这些词语的意义都表示诚实不欺。

6. 同词异训例。这是指多义词,就是一个字词的意义往往在不同的语言环境中有其不同的特殊含义,在训释中需要随文立训,随事为义,以加以区别。如《释言》篇:"济,渡也;济,成也;济,益也。"郭注:"所以广异训,各随事为义。"

7. 说明词义例。《尔雅》的释词与被释词都存在一词多义的情况,有的是用本义,有的是用引申义,有的是用假借义,这就需要加以说明,以避免引起歧义。如《释诂》篇:"悠、伤、忧,思也。"郭注:"皆感思也。"《释诂》篇接下去又有"思"词的另外释义:"怀、惟、虑、愿、念、惄,思也。"《郝疏》云:"按,思兼二义,心所蓄藏谓之意思,心所思存谓之思念。《尔雅》前一条为意思,后一条为思念,故郭于前条注云:'皆感思。'"在这里,《尔雅》前后两句"思"字兼有两种意义,前后的释义有所不同,故需要在注解中加以说明。

8. 义反兼通例。这是郭注运用反训,即义相反而兼通的方法进行训释的例子。如《释诂》篇:"治、肆、古,故也。肆、故,今也。"郭注:"肆既为故,又为今,今亦为故,故亦为今,此义相反而兼通者。"又如,《释诂》篇:"徂、在,存也。"郭注:"以徂为存,犹以乱为治,以曩为曩，以故为今，此皆诂训，义有反复旁通，美恶不嫌同名。"

9.以双释单例。古代汉语多单音节词，现代汉语多双音节词，这是古今汉语在词汇上的一大区别。古汉语中的单音节词，言简意赅，这是优点，但同时从逻辑上分析，单音节词较之双音节词外延要大得多，这样对于词义的理解就不够具体明确，需要通过训释来扩大词的内涵，缩小其外延。郭注中多以双音节词来解释单音节词，就是起到了这样的作用。如《释言》篇："越，扬也。"郭注："谓发扬。"还有将释词与被释词都用双音节词来训释的，如《释言》篇："探，试也。"郭注："刺探尝试。"

10.总名别名例。《尔雅》训释名物，有总名和子称的区别，也有通呼和别名的区别，郭注中多予以注释，加以区分。如《释草》篇："卉，草。"郭注："百草总名。"《释鱼》篇中也有"凡鱼之子总名鲲"的训释。《释天》篇："谷不熟为饥，蔬不熟为馑。"郭注："凡草菜可食者通名为蔬。"又如，《释器》篇："黄金谓之璗，其美者谓之镠。白金谓之银，其美者谓之镣。"郭注："此皆道金银之别名及精者。"

11.未闻未详例。郭璞治学十分严谨，遇自己未闻未详之处，不轻下断语。如《释诂》篇："元、良，首也。"郭注："良，未闻。"有时对所释对象不甚理解，郭璞就采用了不知盖阙的严谨的学术态度，如《释天》篇："正月为陬……十二月为涂。"郭注："皆月之别名。自岁阳至此，其事义皆所未详通者，故阙而不论。"

12.说源释名例。郭璞注《尔雅》，有时探明词源，说明所以取名的原因，帮助读者了解事物的原委。如《释虫》篇："蚬，缢女。"郭注："小黑虫，赤头，喜自经死，故曰缢女。"

13.异篇互见例。《尔雅》共分为十九篇，但篇与篇之间也互有联系，郭璞注意到全书结构的这种现象，在训释中常常将各篇的内容用来互相证明。如《释诂》篇："緌，继也。"郭注："緌见《释水》。"原来《释水》篇有"缡，緌也"的句子，表示船缆有相继的意思，篇与篇之间的释义可以互联参照。

14. 分别类属例。《尔雅》全书的分类实际上有两级类目，其中十九篇的篇名为一级类目，《释宫》篇中的"宗族""母党""妻党""婚姻"以及《释兽》篇中的"寓属""鼠属""齸属""须属"等为二级类目，这些二级类目比较清楚，因为在目录和内容上均有明确的标识。另外还有不少二级类目，《尔雅》本身没有明确标示，但可以从词语的排列类属来进一步加以划分，郭注中常常有所说明。如《释器》篇："木豆谓之豆。"郭注："豆，礼器也。"又如《释地》篇："西南之美者，有华山之金石焉。"郭注："黄金礝石之属。"《释鱼》篇："螣，螣蛇。"郭注："龙类也，能兴云雾而游其中。"《释鸟》篇中也有说明鸟类下雀属的例子。从这些训释中可以了解到《尔雅》更细密的内容分类。

15. 怀疑重出例。《尔雅》非出自一人之手，所以类例未尽统一，内容或有重复之处，郭璞对此类现象已有所注意，并在训释中提出了疑问。如《释木》篇："味，荎著。"郭注："《释草》已有此名，疑误重出。"但这里的重出现象，是由于词义兼草木而有意为之，还是因为类例不够统一，还有待研究。又如《释鸟》篇："密肌，繫英。"郭注："《释鱼》已有此名，疑误重。"

16. 叙述史实例。郭璞训释《尔雅》中或叙述史实，不仅可以作为研究《尔雅》的作者与成书年代的重要资料，也可以用来证史。如《释兽》篇："豹文鼮鼠。"郭注："鼠文彩如豹者，汉武帝时得此鼠，孝廉郎终军知之，赐绢百匹。"

17.虚言语辞例。古代汉语的语词很丰富,郭璞训释中对其中的虚言语词、重语修辞等多有注语,为研究古代汉语提供了丰富的词例。如《释诂》篇:"伊,维也。"郭注:"发语辞。"这是发语虚词的例子。《释训》篇:"绰绰、爰爰,缓也。"郭注:"皆宽缓也。悠悠、偆偆、丕丕、简简、存存、懋懋、庸庸、绰绰,尽重语。"这是重语叠音词的例子。《释训》篇:"如琢如磨,自修也。"郭注:"玉石之被雕磨,犹人自修饰。"这是比喻修辞的例子。

按照《尔雅》训释的情况,还有一些释例,如通言常语例、亦某或某例、描绘物状例、阐明功用例、评判旧注例等等。

宋代学者邢昺在《尔雅疏序》中高度评价了郭注,认为郭氏之前"其为注者,则有犍为文学、刘歆、樊光、李巡、孙炎,虽各名家,犹未详备。惟东晋郭景纯用心几二十年,注解方毕,甚得六经之旨,颇详百物之形,学者祖焉,最为称首"①。宋代学者晁以道曾将郭注与王弼(226—249)的《老子注》、张湛(东晋学者)的《列子注》、郭象(252—312)的《庄子注》、杜预(222—285)的《左传注》、范宁(约339—401)的《穀梁传注》、毛苌(西汉学者,世称"小毛公")的《诗经注》并列,认为这些注解"宛然成一家之学,后世虽有作者,未易加也"②。这些评价,体现了郭注在《尔雅》发展历史上的重要学术地位。但也有学者指出了郭注中的不足,如黄侃曾指出,郭璞多博采旧注但往往不标明出处,有些词不得其义而望文作

---

① (晋)郭璞注,(宋)邢昺疏:《尔雅注疏》,上海古籍出版社,2010年,第1页。
② (宋)韩淲:《涧泉日记》卷中,载《丛书集成初编》第2983册,上海商务印书馆,1935—1937年排印本,第25页。

训^①。

三、郭璞的《尔雅音义》与《尔雅图谱》

郭璞除了撰有《尔雅注》之外，另撰有《尔雅音义》和《尔雅图谱》二书。这在文献中都有记载。《晋书·郭璞传》记载郭氏曾别为《尔雅》的《音义》和《图谱》。《隋书·经籍志》经部"论语类"著录有：

> 梁有《尔雅音》二卷，孙炎、郭璞撰。
>
> 《尔雅图》十卷，郭璞撰。梁有《尔雅图赞》二卷，郭璞撰，亡^②。

根据以上文献以及郭璞《尔雅注序》的记载，可知郭璞曾撰有《尔雅音义》与《尔雅图谱》二书，曾与《尔雅注》并行，且有同书异名、卷数不一的情况。这两部书早在隋代之前就亡佚了，仅在陆德明的《尔雅音义》和邢昺的《尔雅疏》等文献的引文中还能看到保留的部分内容。宋代以后，曾经出现了一些《尔雅音图》的本子，署名也是郭璞，但是有学者认为其中的音和图都是他人所为。流传至今的《尔雅音图》较早的版本有清代嘉庆年间两淮都转运盐司曾燠于清嘉庆六年（1801）据艺学轩所藏影宋绘图本进行重新摹刊的本子，书名页题《尔雅音图》。书前有曾燠写的《尔雅图重刊影宋本叙》，则书名或题《尔雅图》。曾燠在叙中认为："其图则宋元人所绘，甚精致，疑必有所本，即非郭氏之旧，或亦江灌所为也，""旧

---

① 黄侃：《黄侃论学杂著》，上海古籍出版社，1980年，第374—375页。
② （唐）魏徵等：《隋书·经籍志》一"论语类"，中华书局，1973年，第4册第937页。

音及图赖有宋本存其梗概，良足宝矣"①。清道光年间，藏书家燕山阁氏德林花了一年多时间于坊间购得此版，恐亡佚而失其考，故影印而广其传。道光甲辰（1844），燕山阁氏德林重印《尔雅音图》时在书后附有其于道光二十九年（1849）所写《影宋尔雅补记》。2008年天津古籍出版社影印《尔雅图》时，其他内容相同，但后面已不见《影宋尔雅补记》文字。在整理重印古籍中，由于整理影印者所为，经常会发生与原来版本不相同的情况，我们在利用古籍重新影印本和整理本时，要注意这一点。光绪十年（1884）上海同文书局也曾据此版影印，书名题《尔雅音图》。《尔雅音图》（一名《尔雅图》）分卷上、卷中、卷下三卷，其中卷下又析为前后二卷，故此书实际分为四卷。书中的注音和图绘对于读者了解一些难僻字的读音以及名物的释义很有帮助，特别是众多的图谱为人们理解《尔雅》训释的词义提供了生动具体的图像资料。

第二节　陆德明《尔雅音义》

《尔雅音义》并不是独立的著作，而是陆德明《经典释文》所释14种经典文献中的一种，分为上下两卷。《宋史·艺文志》著录为《尔雅音义》，《文献通考·经籍考》著录为《尔雅释文》，异名同书。由于唐以前保留下来的《尔雅》注本中以郭注为世所重，《尔雅音义》就成为唐代及以前屈指可数留存至今的《尔雅》注本，其学术价值不言而喻。

---

① 《尔雅图重刊影宋本叙》《影宋尔雅补记》，载《尔雅音图》，燕山阁氏德林藏本据嘉庆六年（1801）影宋绘图本重摹刊本。

一、《经典释文序录》

陆德明在《经典释文序录》中对所释各类文献进行了总体研究，其中对《尔雅》的特点、次弟、注解传述人等进行了论述和考证，成为现在研究《尔雅》的主要文献之一。

1.《尔雅》条例。《经典释文序录》"条例"云：

> 又《尔雅》之作，本释《五经》，既解者不同，故亦略存其异……《尔雅》本释《坟》《典》，字读须逐《五经》，而近代学徒好生异见，改音易字，皆采杂书，唯止信其所闻，不复考其本末。
>
> 且六文八体，各有其义，形声会意，宁拘一揆，岂必飞禽即须安鸟，水族便应著鱼，虫属要作虫旁，草类皆从两中，如此之类，实不可依，今并校量，不从流俗[①]。

在"条例"中，陆德明指出了《尔雅》一书"本释《五经》"的性质及训释的特点，明确了《尔雅》一书的任务重点在于校正"好生异见"的学徒"改音易字"的流弊。

2.《尔雅》次弟。《经典释文序录》"次弟"云：

> 《尔雅》，周公，复为后人所益，既释于经，又非□□□（原书有三墨丁——作者注）次，故殿末焉。众家皆以《尔雅》居经典之后，在诸子之前，今微为异。

[①] （唐）陆德明：《经典释文》，中华书局，1983年，第1—3页，下引唐陆德明《经典释文》版本同，不一一注释。

在"次弟"中，陆德明指出了《尔雅》何以序次于"五经"《孝经》《论语》以及《老子》《庄子》之后的原因。我们可以据此了解《尔雅》虽跻身于经典之列，但其不仅与《五经》有所不同，而且与视为道家经典的《老子》与《庄子》也有所区别，是属于陆德明所认为的"九流之通路，百氏之指南"的工具性经典。《尔雅》这一独特的文献性质，可以帮助我们理解陆德明为什么将《尔雅》排列于经典之内及《老子》《庄子》之后的思考与安排。

3. 《尔雅》注解传述人。《经典释文序录》"注解传述人"云：

> 《尔雅》者，所以训释《五经》，辩章同异，实九流之通路，百氏之指南，多识鸟兽草木之名，博览而不惑者也。尔，近也；雅，正也。言可近而取正也。《释诂》一篇，盖周公所作，《释言》以下，或言仲尼所增，子夏所足，叔孙通所益，梁文所补。张楫（原书作楫——作者注）论之详矣。前汉终军始受"豹鼠"之赐，自兹迄今，斯文盛矣。先儒多为亿必之说，乖盖阙之义。唯郭景纯洽闻强识，详悉古今，作《尔雅注》，为世所重。今依郭本为正。

在"注解传述人"中，陆德明分析了《尔雅》一书的重要意义和价值，考证了《尔雅》书名和作者，高度评价了郭注的地位，并说明了《尔雅音义》所依据的版本。

4. 《尔雅》注本。《经典释文序录》还列举了唐以前《尔雅》的各家注本：

　　　　犍为文学注三卷（一云犍为郡文学卒史臣舍人，汉武帝时待诏，阙中卷）。

　　　　刘歆注三卷（与李巡注正同，疑非歆注）。

　　　　樊光注六卷（京兆人，后汉中散大夫，沈旋疑非光注）。

　　　　李巡注三卷（汝南人，后汉中黄门）。

　　　　孙炎注三卷（《音》一卷）。

　　　　郭璞注三卷（字景纯，河东人，东晋弘农太守、著作郎。《音》一卷，《图赞》二卷）。

　　　　右《尔雅》，梁有沈旋（约之子），集众家之注。陈博士施乾、国子祭酒谢峤、舍人顾野王并撰《音》。既是名家，今亦采之，附于先儒之末。

　　在《尔雅》各家注本和著录说明中，陆德明列举了唐以前《尔雅》各家注，为人们了解《尔雅》学术史提供了早期的文献史料，可据以了解唐以前《尔雅》研究的概况。同时，还可以将以上著录与《汉书·艺文志》《隋书·经籍志》等目录著作进行比照校对。

二、《尔雅音义》释例

　　虽然《尔雅音义》的字数不多，但内容十分丰富，依据其注释，我们可以将其分析为九种释例，据以了解并掌握《尔雅音义》的内容及其价值。

　　1. 辨字体。陆德明考辨字体，有各种情况：

　　　　有云字作某者，如《尔雅序》："尔，字又作迩。"

　　　　有云亦作某者，如《尔雅序》："雅，字亦作疋。"

有云古某字者，如《释诂》："遏，古逮字。"

有云本作某者，如《释诂》："揸，从手，本作搂，非。"

有云或作某者，如《释诂》："夸，或作誇。"

有云俗作某者，如《释言》："餂，俗作饭同。"

有云经典作某者，如《释天》："壝……经典作疆。"

有云文献作某者，如《释天》："阉，《汉书》作掩。"

有云字从某者，如《释草》："焱，字从三犬，俗从三火，非也。"

2. 举异文。除以上所提"辨字体"外，陆德明还就他所见到的版本异文一一列举：

有云古本作某者，如《释诂》："芜，古本作隶。"

有云一本作某者，如《释诂》："穛禾，一本作获。"

有云诸儒本作某者，如《释训》："委委，诸儒本并作祎。"

有云众本亦作某者，如《释水》："渍，众《尔雅》本亦作涓。"

有云众家本作某者，如《释鱼》："谢，众家本作射。"

有云本多作某者，如《释畜》："騢，本多作狼。"

3. 注字音。陆德明注释字词音义，也有各种情况：

有云音某者，如《尔雅序》："夫，音符。"

有云又音某者，如《尔雅序》："诂，音古，又音故。"

有云如字者，如《尔雅序》："近，如字。"

有云某某反者，如《释草》："芺，且良反。"

有云某音某者，如《释草》："藋，郭音灌，谢音官，沈、施音九。"

有云音同某者，如《尔雅序》："了，音同照。"

有云读某者，如《释诂》："逝，读聿。"

《尔雅音义》还以注音的方式来校勘文字。如《释草》："莛，亡符反，读者或常制反，又户耕反。""筳"，字音读作"常制反"应该是上半部从竹字头的"筳"，而不是从草字头的"莛"，但两字形近，且俗字草旁与竹旁多互相混淆，所以读者把"亡符反"的"莛"，念成"常制反"的"筳"。字读作"户耕反"应该是"茎"字，茎与莛也是形近而误。这些细微之处，需要认真阅读《尔雅音义》才能知晓。

4. 存旧注。唐以前各家《尔雅》的旧注，除郭璞注外，大都亡佚了，赖《尔雅音义》引用保存。如《释草》："蘻，谢蒲苗反或力骄反，孙蒲矫反，顾平表、白交、普苗三反。"这里保存了谢峤、孙炎、顾野王三家的不同的注音。又如，《释言》："介也，音界。李、孙、顾、舍人本并云：缡，罗也；介，别也。"这里陆德明汲取了各家的别解。再如，《释训》："薨薨，顾、舍人本作雄雄。"这里列举了顾野王、舍人《尔雅》注本的异文。

5. 援书证。《尔雅》本是五经之训诂，九流之通路，百氏之指南，所以《尔雅音义》中多援引群经典籍和诸子文献与之相互证明，如《尔雅序》在释"键"字时援引了《字林》《广雅》《小尔雅》《方言》等书；《释诂》在释"胚"字时援引了《淮南子》《文子》《说文》等文献；《释宫》篇题则引用了《世本》《吕氏春秋》《尚书》《左传》《诗经》《礼记》等文献；《释天》在释"雱"字时也引用了扬雄的《羽猎赋》和《史记》。

6. 载史实。《尔雅音义》在注音释义的同时，还偶尔记载了一些史实。如《释诂》："皋，古罪字。秦始皇以其字似皇字改。"给读者提供了"皋罪"古今异体字的历史故事。又如，《释诂》，"祠，周春祭名""禴，夏祭名""尝，秋祭名""烝，冬祭名"，介绍了四季祭祀的不同名称和用词。又如，《释亲》对郭注"不窋之昆孙"句注云："不窋，后稷之子。"再如，《释兽》对郭注"孝廉郎终军知之"句注云："终军，《汉书》云：终军字子云，济南人。初入关弃繻而去，至长安上书，拜为谒者给事中。使南越，为吕嘉所杀，死时年二十余岁，故世号之'终童'。"这些注解，记载了不窋、终军等历史人物的相关史料。

7. 附考证。在《尔雅音义》中，陆德明也有一些考证文字，语虽简洁，却非常精当。如《尔雅序》："中古谓周公也。"这是考证序文中的"中古"所指。又如，在《释草》"不荣而实者谓之秀"句下考证云："不荣而实者谓之秀，众家并无'不'字，郭虽不注，而《音义》引不荣之物证之，则郭本有'不'字。"考证了郭注本"不"字之有无。再如，在《释鸟》篇对郭注"羿"字进行了考证："古之善射者，言此鸟捷劲，虽羿之善射，亦懒惰不敢射也，故以名云。"解释了"鹳鹆"鸟又名"羿"的由来。

8. 下案语。《尔雅音义》在注音释义中有时通过下案语的方式以明史实或定文字是非。如《释宫》对篇题所下案语："古者贵贱同称宫，秦、汉以来唯王者所居称宫焉。"又如《释草》中在"芨，堇草"句下对郭注"乌头"的注文提出了异议："堇草，音谨，下《注》同。郭音靳，居觐反，云'即乌头也'。案，《本草》：蒴藋，一名堇草，一名芨，非乌头也。"再如，《释鸟》中，对"鸒斯，鶌"句中的"斯"字通过案语进行了校正："斯，本多无此字。案，斯是诗人协句之言，后人因将添此字也。而俗本遂斯旁作鸟,谬甚。"

9. 释篇名。《尔雅》十九篇的篇名,陆德明之前的各家注本均未详细解释,而篇名之旨恰恰是了解《尔雅》内容、结构和序次的关键。《尔雅音义》于十九篇的篇题之下,都进行了注解,为读者了解《尔雅》的框架结构和各篇内容提供了学习的路径。陆德明所作各篇的注解如下:

释诂第一:《说文》云:"诂,故言也。"《字林》同。张揖《杂字》云:"诂者,古今之异语也。"

释言第二:此释言篇者,释古今之异训。

释训第三:张揖《杂字》云:"训者,谓字有意义也。"案,《释诂》已(以)下三篇,皆释古今之语、方俗之言,意义不同,故立号亦异。至于训释《坟》《典》,其实一焉。

释亲第四:《说文》云:"亲,至也。"《苍颉篇》云:"亲爱也,近也。"《礼记》云:"亲亲以三为五,以五为九。"《尚书》云:"以亲九族。亲者通谓五服、九族之亲也。"

释宫第五:案,古者贵贱同称宫,秦、汉以来唯王者所居称宫焉。

释器第六:《说文》云:"器,皿也。"饮食之器。从犬从声也。庄立反,众口也。

释乐第七:《说文》云:"总五声八音之名,像鼓鞞之形。木,其虚也。"

释天第八:《说文》云:"天,巅也。至高无上,从一大。"《春秋说题辞》云:"天之言镇也,居高理下为人经纬。"故其字一大以镇之也。

释地第九：《释名》云："地，底也，其礼在底下载万物也。"

释丘第十：非人所为曰丘。《广雅》云："小陵曰丘。"

释山第十一：《广雅》云："土高有石曰山。山，产也。"能产万物也。《说文》云："山，宣也。宣气散，生万物也。"

释水第十二：《尚书——洪范》："五行，一曰水，水曰润下。"《说文》云："水，北方之行。象众泉并流，著微阳之气也。"《白虎通》云："水，准也。言水之平均而可准法也。"

释草第十三：此篇辨百卉之名见于经传者，当为草木之草，故云"释草"。

释木第十四：《说文》云："木，冒也，冒地而生也。"从中，下象其根。《白虎通》云："木之言踊也，阳气踊跃。"

释蟲第十五：本亦作虫。案，此篇是释蟲，依字虫音许鬼反，蛇类也。并两虫为蚰。音古门反，蟲之总名也。三虫为蟲，直忠反，有足者也。今人以虫为蟲，相承假借用耳……案，此文云："有足谓之蟲，无足谓之豸。"《月令》麟、毛、羽、介皆谓之蟲。《白虎通》以圣人为倮蟲之长，自上圣下达燋螟，通有蟲称耳。

释鱼第十六：案，《说文》云："鱼，水蟲也。"此篇所释其见于经传者，是以不尽载鱼名，至于龟蛇贝鳖之类，以其皆有鳞甲，亦鱼之类，故总曰"释鱼"也。

释鸟第十七：《说文》云："短尾羽，众禽总名也。"此文云二足而羽谓之禽，禽即鸟也。

释兽第十八：《说文》云："兽，守备也。"一曰两足曰禽，四足曰兽。案，此文云四足而毛曰兽。

释畜第十九：案，《释兽》《释畜》两篇俱释兽而异其名者，畜
是畜养之名，兽是毛蟲总号，故《释畜》唯论马、牛、羊、鸡、犬，《释
兽》通说百兽之名。

除了以上列举的九种释例外，《尔雅音义》中还有一种释例值得一提，
就是"本今作某""本或作某"的注释，大多为古今字、异体字或通假字。
如：

《释诂》：倮，本今作果。

《释草》：落，本今作苔。

《释木》：阯，本今作趾。

《释兽》：毫，本或作豪。

以上这些例子看起来似乎是陆德明校勘版本的文字，但是黄侃却有不
同的看法。他认为，《尔雅音义》中有称"本今作某"者，皆出校《释文》
者之辞，近人或以为陆氏原文，斯为巨谬。但是黄侃没有进一步说明他得
出这一结论的依据。"本今作某"的诸多释例究竟是陆氏原文还是后人校
勘《尔雅音义》的文字，有待进一步考证。

综而论之，《尔雅音义》体例严谨，注释精当，又去古不远，较为可
信，是研究《尔雅》的必读之书。

第三节　邢昺《尔雅疏》

疏是古代的著作体裁之一，它是专门用来疏通解释注文的。在文献流传的历史发展中，不仅经典文献的经文本身需要进行注释，即使给经典原文进行注释的注文本身也需要疏通诠解了。北宋经学家邢昺（932—1010，字叔明，宋曹州济阴人）的《尔雅疏》（以下简称《邢疏》）就是专门训释《郭注》的。邢昺当时曾受诏与杜镐（938—1013）、孙奭（962—1033）等校定诸经义疏，曾著有《论语正义》《尔雅疏》（一名《尔雅义疏》）等。

《宋史·艺文志》载："邢昺《尔雅疏》十卷。"[①] 清代学者谢启昆（1737—1802）《小学考》认为此书已经亡佚，说明此书在清代已十分罕见。据《邢疏》自序记载，《邢疏》为"奉敕校定"，之前"其为义疏者，则俗间有孙炎、高琔，皆浅近俗儒，不经师匠"；而《邢疏》整理之旨和方法，是"考案其事，必以经籍为宗，理义所诠，则以景纯为主"[②]。《邢疏》还是集体合作的成果。据《邢疏》自序记载，"谨与尚书驾部员外郎直秘阁臣杜镐、尚书都官员外郎秘阁校理臣舒雅、太常博士直集贤院臣李维、诸王府侍讲太常博士兼国子监直讲臣孙奭、殿中丞臣李慕清、大理寺丞国子监直讲臣王焕、大理评事国子监直讲臣崔偓佺、前知洺州永年县事臣刘

---

① （元）脱脱等撰：《宋史·艺文志》艺文一"小学类"，中华书局，1977年，第15册第5075页。

② （晋）郭璞注，（宋）邢昺疏：《尔雅注疏》，上海古籍出版社，2010年，第1页。

士玄等共相讨论，为之疏释"，说明《邢疏》是邢昺与多位学者合作的成果。

对于《邢疏》，后人褒贬不一，而以贬者居多，批评者主要有这样几种观点：一是认为《邢疏》专疏《郭注》，墨守东晋人一家之言，识见有所局限，难以融会贯通。二是认为《邢疏》仅是抄袭唐孔颖达的经疏和陆德明的《尔雅音义》，其学问未能过人。同时，《邢疏》多掇《毛诗正义》，掩为己说，间采《尚书》《礼记》正义，复多阙略，南宋时已有人不满其说，后取之列入诸经注疏，聊取备数而已。

其实，以上的批评是不够公允的。《邢疏》虽有不足之处，但能列于《十三经注疏》之中，绝非偶然，自有其学术文献价值。这些学术文献价值体现在以下五个方面。

一、根据《邢疏》了解《郭注》旨意

《郭注》惜字如金，语焉不详，而《邢疏》正是专门解释《郭注》的，通过研究《郭注》来研究《尔雅》经文，不能不借助于《邢疏》。如《释诂》："悦、怿、愉、释、宾、协，服也。"《郭注》云："皆谓喜而服从。"但"服"作为释词是有区别的，《郭注》的"皆谓"的注文，并没有将这一区别反映出来，《邢疏》对之进行了细化的阐释，将"服"细分为四个义项加以详细说明："悦、怿、愉者，皆喜乐而服也；释者，释去恨怨而服也；宾者，怀德而服也，《旅獒》云：'四夷咸宾'；协者，和合而服也。《左传》曰：'谋其不协。'"可见，通过《邢疏》，可以更深入地了解《郭注》的寓意，也体现出《邢疏》在《郭注》的基础上对《尔雅》经文更深入的理解。

二、《邢疏》多引书证而保存文献

《四库全书总目》在《尔雅注疏》十一卷（内府藏本）提要指出："昺

疏亦多能引证，如《尸子》《广泽篇》《仁意篇》，皆非今人所及睹。"①
《邢疏》的这些文献引证，不仅有助于后人对《郭注》的理解，也保存了
一些亡佚的珍贵文献，为文献辑佚提供了线索。

三、《邢疏》可补《郭注》阙略

如《释诂》首条："初、哉、首、基、肇、祖、元、胎、俶、落、权
舆，始也。"《郭注》云："此所以释古今之异言，通方俗之殊语。"同
时引用了《尚书》和《诗经》的书证，但并没有详细解释这些同义词之间
的同中相异之处，《邢疏》则承担起了这样的任务。《邢疏》释曰："皆
初始之异名也。初者，《说文》云：'从衣从刀，裁衣之始也。'哉者，
古文作才。《说文》云：'才，草木之初也。'以声近借为哉始之哉。首者，
头也，首之始也。基者，《说文》云：墙始筑也。肇者，《说文》作肁，'始
开也'。祖者，宗庙之始也。元者，善之长也，长即始意。胎者，人成形
之始也。俶者，动作之始也。落者，木叶陨坠之始也。权舆者，天地之始也，
天圆而地方，因名云。此皆造字之本意也。及乎《诗》《书》雅记所载之言，
则不必尽取此理，但事之初始，俱得言焉，他皆仿此。"这就给读者在《郭
注》的基础上提供了以上这组同义词"所以然"的内在逻辑联系和字词释
义源流。

四、《邢疏》已知声义兼通

清代文字训诂学家王念孙（1744—1832）的《广雅疏证》和郝懿行的
《尔雅义疏》，都是以音寓义见长，即我们前面提到的训诂学中的声训方法。
其实，在他们多少年之前的邢昺，已运用了这种训诂的方法，只是还没有
像后来郝懿行在《尔雅义疏》中运用得那样广泛深入和得心应手罢了。如《释

---

① （清）永瑢等：《四库全书总目》，中华书局，1965 年，339 页中栏。

诂》："哉，始也。"《邢疏》曰："哉者，古文作才，以声近借为哉始
之哉。"又如，《释诂》："怡，乐也。"《邢疏》曰："怡者，和乐也。
《小雅·节南山》云：'既夷既怿。'怡夷音义同。"这些都是邢昺运用
声义兼通的方法进行疏释的例子。

五、《邢疏》随事指陈《尔雅》释例

《尔雅》作为解古今之言、通方俗殊语的经典文献，有其自身的撰述
体例，后人也有所研究。学者黄侃曾对此进行了评述："近人多言《尔雅》
有例，然《邢疏》随事指陈，如云：《释诂》不妨尽出周公，题次初无定例，
造字与用字不必尽同诸条，随便即言；《尔雅》与经文，异人之作，所以
不同诸说；皆闳通之极。虽清儒有时逊之矣。"①

综上所述，《邢疏》尽管存在一些不足，但在《尔雅》发展历史上，
有其学术的地位和影响。清代《四库全书总目》对《邢疏》的评价还算比
较公允："其犍为文学、樊光、李巡之注，见于陆氏《释文》者，虽多所
遗漏，然疏家之体，惟以本注，注所未及，不复旁搜。此亦唐以来之通弊，
不能独责于昺。"②

第四节　邵晋涵《尔雅正义》

清代雅学大兴，《尔雅》研究著作层出不穷，其中最著名的是清代史
学家、经学家邵晋涵（1743—1796，字与桐，号二云，又号南江，浙江余

---

① 黄侃：《尔雅略说》"论尔雅注家三"，上海古籍出版社，1980 年，第 380 页。

② （清）永瑢等：《四库全书总目》经部小学类《尔雅注疏》十一卷提要，中华书局，
1965 年，第 339 页中栏。

姚人）的《尔雅正义》（以下简称《邵疏》）和郝懿行的《尔雅义疏》（以下简称《郝疏》）。这两部书都是为《郭注》作的新疏。

邵晋涵对《郭注》是非常推崇的，他在《尔雅正义》自序中说："唯郭景纯明于古文，研核小学，择撢群艺，博综旧闻，为《尔雅》作注，援据经传以明故训之隐滞，旁采谣谚以通古今之异言，制度则准诸礼经，薮泽则测其地望，诠度物类多得之目验，故能详其形声，辨其名实，词约而义博，事核而旨远，盖旧时诸家之注未能或先之也。"但他对《邢疏》却很不满意，他认为《邢疏》只是掇拾他人之说，且多阙略，后列于《十三经》，聊取备数而已。这就是他为《郭注》作新疏的原因（图二十四）。

《邵疏》的特点，集中体现在他的自序之中。据序文而言，其书疏释的特点有七个方面。

一、增校审定

《尔雅》是阅读《诗》《书》《礼》《易》《春秋》等经典的钥匙，而历代流传过程中的各种版本产生了文字的差异，其中不免存在错讹；而《郭注》亦多脱落，这样使俗说流行，《尔雅》原本的古义就浸晦了。邵晋涵在疏释的过程中，根据唐石经、宋代版本、各类传世文献中所引用的《尔雅》文字，对《尔雅》经文进行比勘审定并增校郭氏的注文，从而形成了《邵疏》增校审定的第一个特点。

二、绎其义蕴

《邵疏》模仿唐代学者给经典所作"正义"的体例，力图将《尔雅》中的经注文字所寓含的义蕴加以整理，为读者理出一个头绪，以彰显经注文学原本隐含的意义。邵晋涵认为："窃以释经之体事，必择善而从，义非一端可尽。"①从而形成了《邵疏》绎其义蕴的第二个特点。

三、兼采分疏

从汉代至唐代，给《尔雅》作注解的学者不少，形成了诸多《尔雅》的注本，如刘歆、樊光、李巡、孙炎的注本，南朝梁代有沈旋的集注本，南朝陈代有顾野王的音义本，唐代也有裴瑜的注本。这些不同时代的注本的遗文佚篇都散见于群籍之中，征引所涉及的文献，仅存数语，有的与《郭注》的内容相符合，有的则与《郭注》的解释相乖违。《邵疏》认为，这些文献流传的同异现象，同者宜得会通，异者可博其旨趣。于是《邵疏》以《郭注》为主，兼采诸家，分疏于下，用俟辨章源流，"譬川流而汇其支渎，非木落而离其本根也"。这样就形成了《邵疏》博采分疏的第三个特点。

四、补所未备

《郭注》体例矜慎，言简意赅，遇义有幽隐之处，不知盖阙，注以"未详"。《邵疏》考证了诸多文献，如《齐诗》《鲁诗》《韩诗》和汉代郑玄所注的《易》《书》，以及诸经旧说，于是"会粹群书，尚存梗概，取证雅训，辞义瞭然，其迹涉疑似仍阙而不论，确有据者补所未备，附尽壤于崇丘，勉千虑之一得，所以存故义也"。这样就形成了《邵疏》补所未备的第四个特点。

五、以书证注

《郭注》多引《诗经》文字为证，一般的学者没有仔细辨察，以为《尔雅》就是专用来解释《诗经》的。《邵疏》认为这是一种误解，实际上《尔

---

①　（清）邵晋涵：《尔雅正义序》，乾隆戊申夏余姚邵氏家塾面水层轩藏板新镌本，下引邵晋涵《尔雅正义》版本同，不一一注释。

雅》是五经之训诂，六艺之钤键，不能局限于《诗经》一部文献。于是《邵疏》广泛地收集了先秦经典和诸子之书，包括《易》《书》《周官》《仪礼》《春秋三传》《大戴礼记》和《小戴礼记》，以及周秦诸子和汉代学者所著述的文献，"遐稽博取，用与《郭注》相证明，俾知训词近正原于制字之初，成于明备之世，久而不坠，远有端绪，六艺之文曾无隔阂，所以广古训也。"这样就形成了《邵疏》以书证注的第五个特点。

六、保存古音

古人对文字的研究，注重形、音、义三大要素。在文字发展历史进程中，声音递转，文字日孳，其中字义存乎声音的例子很多。在汉文字形体发展过程中，隶书字体（包括古隶和今隶）的变化形成了古今文字的分水岭，研究文字声音演变的韵书也遭到了割裂的命运，使古音渐失，古义渐湮。于是，《邵疏》"取声近之字，旁推交通，申明其说，因是以阐扬古训，识辨古文，远可以依类以推，近可举隅而反，所以存古音也。"这样就形成了《邵疏》保存古音的第六个特点。

七、详辨名物

《尔雅》十九篇内容中，有草木虫鱼鸟兽之名，而这些动植物往往古今有不同的称谓，后人曾将这些异称汇成专书，但失之于浅薄。《邵疏》针对各种动植物的实际情况，"详其形状之殊，辨其沿袭之误，其未得实验者，择从旧说，以近古为征，不敢为亿必之说。"这样就形成了《邵疏》详辨名物的第七个特点。

清代文字训诂学家钱大昭（1744—1813）和学者黄侃都曾对《邵疏》给予了很高的评价。其中钱大昭原来也想作《尔雅疏》，花了数年功夫，搜采各家之说，择善而从，但未能成书。后"余姚邵太史晋涵《尔雅正义》

刻成，邮寄示予，叹其书之精博，不特与邢氏优劣判若天渊，即较之唐人《诗》《礼》正义，亦有过之无不及。予旧时所留心识记者，邵书大半已有，此昔人所谓杼轴予怀他人先我者也"①。

黄侃也认为："清世说《尔雅》者如林，而规模法度，大抵不能出邵氏之外。"② 这些评价都是比较实事求是的。

一般讲《尔雅》的注本，提《郭注》《郝疏》的多，提《邵疏》的少，时人的评价也是《郝疏》优于《邵疏》。我们把《邵疏》与《郝疏》互相比较一下，那么后者确实是胜于前者，但仅仅认识这一点是不够的。我们还应当了解以下三个事实：第一，《邵疏》先成，《郝疏》后出，开创者难，继之者易。第二，只要将《邵疏》与《郝疏》两相比较，便可以发现《郝疏》大段大段地引用《邵疏》，且不标明出处。第三，《邵疏》的大部分成果为《郝疏》所吸取，但也有取之未尽者。总之，《邵疏》在《尔雅》研究史上占有重要的位置，应列为研究《尔雅》的必读之书。

第五节　郝懿行《尔雅义疏》

在清代及以上的所有《尔雅》注本中，收采最为丰富、注释最为详尽的要算《郝疏》了。郝懿行（1757—1825）一生著作很多，大部分收在《郝氏遗书》（图二十五）中，《郝疏》花了十四年时间写就，为其一生力作，也是其颇为得意的研究成果。在《郝疏》尚未完成的时候，郝懿行在给友

① （清）谢启昆：《小学考》卷三《尔雅释文》提要，载《续修四库全书》第 922 册史部目录类，第 37 页。

② 黄侃：《尔雅略说》"论清儒尔雅之学下"，上海古籍出版社，1980 年，第 393 页。

人的信札中写道："此书著成，自谓其中必多佳处。"又写道："其中亦多佳处，为前人所未发。"① 清代学者宋翔凤在《尔雅义疏序》中对《郝疏》给予了很高的评价："然至唐代但用郭景纯之注而汉学不传，至宋邢氏作疏，但取唐人《五经正义》缀辑而成，遂滋阙漏。乾隆间，邵二云学士作《尔雅正义》，翟晴江进士作《尔雅补郭》，然后郭注未详未闻之说皆可疏通证明，而犹未至于旁皇周浃、穷深极远也。迨嘉靖间栖霞郝户部兰皋先生之《尔雅义疏》最后成书，其时南北学者知求于古字古言，于是通贯融会谐声、转注、假藉（借），引端竟委，触类旁通，豁然尽见。且荟萃古今一字之异，一义之偏，罔不搜罗，分别是非，必及根原，鲜呈胸臆。盖此书之大成，陵唐跻宋，追秦汉而明周孔者也。"② 下面，我们可以从形、音、义、释例、校补、目验等六个方面来看一下《郝疏》在注释《尔雅》中所取得的学术成就。

一、形

《尔雅》虽为义书，但义由形生。《郝疏》多辨别文字形体，如省文、或体、古文、籀文、篆文、隶省、古今字、俗体字、别体字等等，其中辨别省文、或体的例子最多。如《尔雅·释言》："煽，炽也；炽，盛也。"《郝疏》："煽者，偏之或体也。"《说文》："偏，炽盛也。""煽"训释为"炽"，"炽"又训释为"盛"。《说文》简略，故总体训释为"偏，炽盛也"。这里就把"煽""偏"的或体情况交待清楚了。虽然郝氏在这里是辨别文字的形体，但对于字词意义的理解，也是有所帮助的。

---

① （清）郝懿行：《晒书堂外集》卷上《与两浙转运使方雪浦书》，《晒书堂文集》卷三《又与王伯申学使书》，《郝氏遗书》，清嘉庆至光绪年间刊本。

② （清）宋翔凤：《尔雅义疏序》，载清郝懿行《尔雅义疏》上册，上海古籍出版社，1983年据同治四年（1865）郝氏家刻本影印本，正文前序。

郝氏还善于分析文字的偏旁。如：

　　隶书手旁犬旁形近易淆（见《释诂》"蒐，聚也"条下疏文）

　　从黄之字或变从光（见《释训》"洸洸、赳赳，武也"条下疏文）

　　从兆从翟之字古多通用（见《释训》"佻佻、契契，愈遐急也"

条下疏文）

这种偏旁分析的方法是古代文字学家、训诂学家和校勘学家经常运用的训释字词和文献研究的方法。

二、音

清代学者多采用以声求义的方法，《郝疏》亦属此例。黄侃在《声韵通例》一文中曾专门谈到了这一种研究的方法，将《郝疏》与王念孙的《广雅疏证》进行了比较：

　　问曰：训诂与音，束芦相依；王君疏通《广雅》，则诸经异文、诸子辞赋奇字，皆得涣解；郝君疏通《尔雅》，则古文经传义故，由以开明；采其菁华，何术之以？

　　答曰：王、郝二书，用意略异。一在推本字，兼明通假，此郝君之为也；一在搜求旧训以证《广雅》，此王君之为也。然二家皆以音理贯穿义诂，其言音同、音近、音转三者，最为闳通。音同者，古本音相同，或今变音相同也；音近者，即叠韵相转，亦即旁转也；音转者，即双声相转，亦即对转、旁转也①。

① 黄侃：《尔雅略说》，上海古籍出版社，1980年，第162—163页。

《尔雅》所收入的许多文字，没有办法从字形上解释，而运用以声求义的方法，则迎刃而解。如《尔雅·释训》："晏晏、温温，柔也。"《郝疏》释曰："晏者，宴之假借也。《说文》云：宴，安也。与柔同训。通作晏。晏晏犹安安。故《释名》云：安，晏也。"

《郝疏》运用以声求义的方法，在疏文中也留下了一些精彩的论述：

凡语词之字多非本义，但取其声。（见《释诂》"伊，维也"条下疏文）

凡音同音转之字古人多以为训，即六书中转注假借之所由生。（见《释诂》"废，舍也"条下疏文）

凡借声之字不必借义。（见《释诂》"恙，忧也"条下疏文）

以义假借不可以声求者也（见《释诂》"丑，众也"条下疏文）

凡借声之字，不论其义，但取其声。（见《释言》"遏，逮也"条下疏文）

然则人之俊者为大，马之骏者亦为大，山之峻者亦为大，水之浚者亦为大，字虽异而音义同矣……凡声同声近声转之字其义多存乎声。（均见《释诂》"弘，大也"条下疏文）

凡声同之字，古多通用。（见《释诂》"初，始也"条下疏文）

郝氏以上诸多的研究心得，为研究以声求义的训诂方法提供了丰富的例子。

三、义

《郝疏》疏解经注在释义训解方面也有许多不同的情况，如展转相训、对文散文、通称专训、递相引申、单言连文、单文重文、义相反而相通等。下面我们分别举些例子。

展转相训的例子：

《释诂》："遹、遵、率、循、由、从，自也。"《郝疏》："《说文》云，自，始也，又云鼻也。鼻亦始也，从生从鼻始，百体由之，故借为自此至彼之义。自训从也，由也，率也；从亦为由，由亦为率，率亦为自，展转相训，其义俱通也。"

对文散文的例子：

《释诂》："坠，落也。"《郝疏》："《说文》云，凡草曰零，木曰落。按，此亦对文耳，若散文则通。故《夏小正》云'粟零'，明零不必草也；《庄子·逍遥游》篇云'瓠落'，明落不必木也。所以《离骚》云："惟草木之零落兮"，王逸注：零、落皆坠也。是其义俱通矣。"

通称与专训的例子：

《释诂》："觐，见也。"《郝疏》："觐者，《大宗伯》云：'秋见曰觐。'"按，《尔雅》之觐与《周礼》异。凡见皆称觐，非必朝王；非时皆可见，不必因秋……又贵贱相见皆称觐……是凡见皆称觐明不独施于至尊矣。"

字词本义递相引申为多义的例子：

> 《释诂》："极，至也。"《郝疏》："极者，《玉篇》云：栋也，中也，又至也，尽也，远也，高也。按，极字凡有数义皆缘栋而生，栋居屋之中，至为高绝，故《尔雅》训至极。又竟也，穷也，终也，终、穷、竟三义又缘至而生也。"

单言连文的例子：

> 《释诂》："黄发、鲵齿、鲐背、耇老，寿也。"《郝疏》："此黄发、鲵齿、鲐背并二字连文为义，实则黄、鲵、鲐三字单举于义亦通。故《南山有台》传及《行苇》笺并云：黄，黄发也。是单言黄之证。《说文》：鲵，老人齿。是单言鲵之证。《方言》：鲐，老也。是单言鲐之证。至于耇、老二字，虽俱单文，亦有连语，耇称胡耇，老称黎老。

单文重文的例子：

> 《释训》："蔼蔼、济济，止也。"《郝疏》："济者，《释言》云，成也。成有止义，故《诗——载驰》传云：济，止也。是济单文为止息，重文则为众多。故《诗·文王》传云：济济，多威仪也。《正义》引孙炎曰：济济，多士之容止也。是皆以多兼止为义。"

义相反而相同的例子：

《释言》："逆，迎也。"《郝疏》："逆者，迓之迎也。逆本
迓迓之名而有逢迎之义，故以逆为迎。《考工记·匠人》云：'逆墙六分，'
郑注：'逆犹却也。'《齐策》云：'故专兵志以逆秦，'高诱注：'逆，
拒也。'拒与迎义相反者，逆对顺言故有据意。逆以迎言故有逢遇之意。
诂训有相反而相同者，此类是也。"

四、释例

清末学者陈玉澍（1853—1906）曾写过一部《尔雅释例》的著作，他
在自序中说，"近儒于诸经多有释其例者，而于《尔雅》独未之及。近儒注《尔
雅》者，有邵晋涵、郝懿行、严元照、翟灏、臧庸、钱坫、钱绎、王引之、
俞樾诸家，于其例皆未之及。"[①] 陈玉澍的这一观点是不够全面的。实际上，
在陈氏之前，只能说尚无一部系统而全面地论述《尔雅》体例的专门著作，
至于《邵疏》《郝疏》中有关《尔雅》释例的内容随处可见。除了以上提
及者外，我们还可以举一些《郝疏》中有关释例的内容。

《释诂》："际、接、翜，捷也。"《郝疏》："翜者，《释文》云：
'所甲反。'《说文》云：'翜，捷也。'飞之捷也……此翜字与际、
接义异而同训捷。《尔雅》此例甚多。"

以上是揭示《尔雅》中有义异同训的释例。

《释诂》："烝，大也。"《郝疏》："烝者，众也。又训君者，

---

①　（清）陈玉澍：《尔雅释例》，1921 年南京高等师范学校排印本。

众之所归斯谓之君，与君群义同也……美与君义亦近，凡臣子于君父以美大之词言之，故皇谓之大，亦谓之美，亦谓之君。凡有数义而皆通，斯《尔雅》诸文之例也。不明乎此则窒矣。"

以上是揭示《尔雅》中有数义而皆通的释例。

《释诂》："公、侯，君也。"《郝疏》："公、侯皆有本义……又训君者，公、侯虽臣，于其国称君也然则伯、子、男亦列国之君，此不言者，举尊以例卑，及卿大夫之有地者亦得兼包焉。"

以上是揭示《尔雅》中有举尊例卑的释例。

可见，《尔雅》注本中有许多释例，需要我们去发现，这是研读《尔雅》的钥匙，陈玉澍为我们做了整理归纳，我们将在下面第五章详细介绍。

五、校补

《郝疏》作为《尔雅》众多注疏成果中的集大成者，较之以往的注疏可谓是后来居上，其中有一个特点就是校所未刊，补所未及。下面举一些校补的例子。

《郝疏》多引用传世文献与《尔雅》进行对比的校勘，以发现文献内容和流传中的问题。

《释诂》："弘……大也。"《郭注》："《尸子》曰，此皆大有十余名而同一实。"《郝疏》："今按，大之训凡三十有九名，《尸子》所称才止十一。又，天、帝、后、皇、辟、公亦俱训大，与今本异。

　　证知《尔雅》诸文，后人多有增益及窜改者，古书茫昧，千载无声，
　编简丛残，遗文散落，夫孰从而辨之！"

　　这是用《尸子》等文献与《尔雅》进行对比校勘的例子。

　　《郝疏》十分注重目验，他对旧注中不依据亲身考察来训释名物是不
满意的。所以《郝疏》中，草、木、虫、鱼、鸟、兽、畜诸篇对动物和植
物的记载往往十分具体形象，这些显然是经过了郝氏亲自的验证，否则是
难以下笔的。

　　　　《释草》："权，黄华。"《郝疏》："今验，野决明叶似目宿
　　而华黄，枝叶婀娜，人多种之，似不甚香，而王氏《谈录》以为嗅之尤香，
　　盖初时香不甚噢，以醋则甚香，凡香草皆然也。"

　　这种经过亲自验证实践过的疏释文字，自然是翔实可信的。

　　《郝疏》还十分注重疏释的依据，遇到旧注没有依据的情况，《郝疏》
并不采用，宁可付诸阙如，不轻下议论，秉持了当年郭璞注《尔雅》不知
盖阙的学术精神和学术态度。

　　　　《释兽》："麟，麕身，牛尾，一角。"《郝疏》："按，古书
　　说麟不具录，大抵侈言德美与其征应，惟《诗》及《尔雅》质实可信。
　　至于言德则《广雅》备矣，说应则《礼运》详矣。今既无可据依，亦
　　无取焉。"

《郝疏》深得《尔雅》"辨古今之异言，通方俗之殊语"的旨意，多引用一些方言俗语来训释名物，虽片言只语，却能起到形象生动、言简意赅的效果。

《释鱼》："蜎，蠉。"《郝疏》："今登莱人呼跟头人，扬州人呼翻跟头虫。"《释兽》："鼬，鼠。"《郝疏》："今俗呼黄鼠狼。"

从以上对《郝疏》所取得的学术成就的介绍中，可以了解其在《尔雅》发展史上所取得的学术成就。但《郝疏》中也存在一些不足。如果说《郝疏》的成就在于博洽宏通，那么，它的缺点也在这里。《郝疏》收集了旧注的成果，但往往没有注明注疏所据。《郝疏》以"以声求义"著称，但郝氏在音韵学方面的水平有所局限，连郝氏本人也承认这一点。如《释言》："燬，火也。"郝氏认为"火"古读如"喜"，《诗》"七月流火"与"九月授衣"韵，是"火"读如"喜"之证；但郝氏不知道"火"在微部，"喜"在之部，是不相通的。[①]

对于初学《尔雅》者而言，《郝疏》是一部较好的入门之作，因为《郝疏》的疏释详尽而浅显，吸收了旧注的优点，代表了《尔雅》研究的水平。而《郭注》过于简略，《尔雅音义》没有完整的经文原文，《邢疏》较为艰涩，《邵疏》不够浅显。但这些注本对于深入研究者来说，都是必读之书。

---

① 王力著：《中国语言学史》，山西人民出版社，1981 版，第 166 页。

第六节 周祖谟《尔雅校笺》

周祖谟（1914—1995）（图二十六）的《尔雅校笺》是继清代《邵疏》《郝疏》后《尔雅》校勘整理研究成果的代表作。《尔雅校笺》的学术成就主要体现在以下四个方面。

一、提出了独到的见解

周祖谟在《尔雅校笺》序中对《尔雅》研究中的一些重要问题提出了自己的研究心得。

一是关于《尔雅》的作者和成书年代。周祖谟认为，《尔雅》是中国最早的一部训释词语的书，以前关于周公、孔子等种种作者的传言都是不足信的。从这部书的内容看，有解释经传文字的，也有解释先秦子书的，其中还有战国秦汉之间的地理名称。这样看来，《尔雅》这部书大约是战国至两汉之间的学者累积编写而成的。

二是关于《尔雅》的篇卷。周祖谟认为，《汉书·艺文志》著录《尔雅》二十篇，今存十九篇，分为上中下三卷。古代书籍由简策发展为卷轴，篇卷的分合一般没有什么意义，只求卷轴大小粗细相称，以便插架寻检而已。《尔雅》三卷篇目的分配也同样是没有什么意义的。不过方以类聚，物以群分，事类名目相近的不能比次在一起。

三是关于《尔雅》的分类和训释的方法。周祖谟认为，词汇包括的方面很广。《尔雅》的前三篇，即《释诂》《释言》《释训》是讲解语词的。《释亲》以下都是解释事物名称的。先由人事和人所做的宫室器物列起，然后序列天地自然的名称和植物、动物的名称，加以解释。这是代表古人对于事物名称的一种粗疏的分类法。事物的名称每有古今方俗之异。《尔雅》中或以今语释古语，或以通语释方言，对于我们了解古代的事物和古人对各种事物的称谓以及古今词义的发展都极为有用。

四是对前人的校勘整理进行了分析评价。周祖谟认为，《尔雅》从东汉时期已开始流行起来，汉魏之间为《尔雅》作注的就有许多家，文字也互有异同。各家注本从唐代以后都逐渐亡佚，流传广泛而且一直流传到现在的是晋代《郭注》。郭璞研究《尔雅》十八年，用力很深。后世注解《尔雅》的人也都以《郭注》为底本。《郭注》有唐代开成石经本，只有原文，无注文；有原文和注文的有宋刻监本，有宋刻十行本，还有元刻本、明刻本。但书经传写刻板，总不免有讹误。清人从事刊正文字讹误的，以阮元（图二十七）的《尔雅注疏校勘记》最为人所称道。阮刻以明吴元恭仿宋刻本为底本，参证《经典释文》、唐石经和宋刻《邢疏》，雠校异同，比证极细。后来清代学者严元照（1773—1817）又有《尔雅匡名》一书，大体以《尔雅》与《说文解字》相校，主旨在于刊正文字，讲明字有假借，与一般校雠不同。阮元的《尔雅注疏校勘记》和严元照的《尔雅匡名》两家所见古本秘籍不多，如原本《玉篇》、慧琳《一切经音义》之类的古书，当时还没有由日本传至中国。到清代光绪年间，学者王树枏（1852—1936）作《尔雅郭注佚存订补》，所见书籍已多，颇有发展。不过，原书中有些讹误还没有改正，并且把前代书中所引郭璞的《尔雅音义》误与《尔雅注》混为一谈，所引各书也多未记明卷数，缺误尚多。为了便于研读，有必要重加校勘。

二、选取了具有代表性的底本和校本

周祖谟在《尔雅校笺》序和凡例中介绍了他校勘《尔雅》所选用的底

本和校本。底本是用 1931 年故宫博物院印《天禄琳琅丛书》北宋刻监本的《尔雅》郭注本，校本则很多，主要包括《古逸丛书》影刻宋覆蜀大字本、《四部丛刊》影印铁琴铜剑楼旧藏宋刻十行本、明吴元恭据元雪窗书院仿宋刻本、敦煌所出《尔雅》白文残卷和《尔雅》郭注本残卷。清代学者的研究著述中，以阮元《尔雅注疏校勘记》和王树枬《尔雅郭注佚存订补》作为主要参校，另采其他古代字书、韵书、音义书、类书等所引《尔雅》文字等，以校正异同，还择取了清代学者的成说。《尔雅校笺》所参考的书籍共三十余种。所校文字写成了《尔雅校笺》三卷，附于原书之后。

三、采用了敦煌写本等新史料

敦煌石室所出古籍中有六朝唐代写本《尔雅》两种。一种是伯希和编号 3719，共 80 行，无注文，字划拙劣，讹误、脱漏、衍文也多。另一种有郭注，原件分裂为三段，伯希和编为 2661、3735、5522 三号。卷末有"天宝八载八月廿九日写"一行，有草书"张真乾元二年十月十四日略寻，乃知时所重，亦不妄也"一行，又有"大历九年二月廿七日书主尹朝宗书记"一行（图二十八）。这一种残卷与宋刻本不同处甚多，而且正文字旁有朱笔疏记的反切读音，不知取自何书。这是今日所见《尔雅》最早的六朝与唐代写本了，可惜所存不多。根据这一种残卷可以改正今本不少讹误。但上面周祖谟提到的伯 5522 号，与今日法藏敦煌文献编号有所不同，可能是编号变更所致，可以参见许建平《敦煌经籍叙录》[①]。

四、为经文和注文进行了加点句读

周祖谟认为，《尔雅》所收古代词语既多，而《郭注》又极繁富，读

---

① 许建平著：《敦煌经籍叙录》，中华书局，2006 年。

起来很不容易。今取原书加以句读,以便研讨。凡所加标点,力求符合文意。凡《郭注》称"某书曰"的,如果是原句,"曰"字下点冒号;如果只表示某书称说如此,而不是原句,"曰"字下则不加冒号,以示区别。同时,《尔雅校笺》还将宋刻十行本每卷后所附载的《音释》附载于各卷之后,以帮助读者解决《尔雅》读音的烦难之困。

第七节 朱祖延《尔雅诂林》

朱祖延(1922—2011),现代辞书学家和文献学家。曾担任湖北大学(前身为武汉师范学院)中文系主任、古籍研究所所长。1975 年起担任《汉语大字典》副主编,1986 年起编纂《尔雅诂林》。

朱祖延曾先后主持过《汉语大字典》《汉语成语大词典》《引用语大辞典》的编纂工作,在大型辞书的编辑方面经验丰富。在其 60 多岁高龄之际承担起《尔雅诂林》主编的重任,亲自拟订编写凡例、组织编辑班子成员广泛收集资料,并具体指导资料的选择与提要文字的编写,于《尔雅诂林》功莫大焉。学者赵振铎认为,《尔雅诂林》有收罗宏富、择本精审、编排得当等诸多优点[①]。

一、《尔雅诂林》众本均备

《尔雅诂林》全书收录的著作达 94 种,可谓众本均备。这种体现在多个方面:

---

① 赵振铎:《〈尔雅〉和〈尔雅诂林〉》,载《古汉语研究》1998 年第 4 期(总第 41 期)。

一是补前人所未备。在悉数收录了胡元玉的《雅学考》和周祖谟的《雅学考拟目》所收录的雅学著作的基础上，补充了其未收的相关文献，如《四库全书》所收吴浩的《十三经义疑》中的《尔雅义疑》，咸丰刊本姚正父《尔雅启蒙》，清陶方琦所撰《汉孳室遗书》（清光绪中会稽徐氏铸学斋抄本）中所收陶氏《尔雅古注斠补》等。

二是收录了不同辑本。同一种著作收录了不同的辑本，如郭璞的《尔雅图赞》，《尔雅拟目》中只有清代严可均的辑本一种，《尔雅诂林》除了严氏辑本之外，还收录了清代王谟《汉魏遗书钞》和钱熙祚所补《指海》丛书中所收版本。

三是子目收集齐全。同一种著作中的子目尽可能收集齐全，如清代雷浚、汪之昌所辑的《学古堂日记》丛书（清光绪十六年 [1890] 刊、二十二年 [1896] 续刊本）里面有《读尔雅日记》共计七种，《尔雅考拟目》只收列了四家，《尔雅诂林》则将陆锦燧、王颂清、董瑞椿、王仁俊、杨赓元、包锡咸、蒋元庆等七种日记悉数收入。

四是运用裁篇别出方法。《尔雅诂林》运用了裁篇别出的目录学方法，将清代学者研究《十三经》中涉及《尔雅》的文献一一析出，如《四库全书》所收沈廷芳（1702—1772）《十三经注疏正字·尔雅》，洪颐煊（1765—1837）的《读书丛录·尔雅》（道光元年 [1821] 刊本），赵履和（字东甫，衡山人）《十三经考异摘要·尔雅》（咸丰十年 [1860] 刊本），俞樾（1821—1907）《群经平义·尔雅》（同治十一年 [1873] 刻本）。《尔雅诂林》还收录了《尔雅考拟目》未收录的稿本，如冯登府（1783—1841）《尔雅古义补》和董桂新（清嘉庆间卒）《尔雅古注合存》；还收录了出版于 1936 年及以后的一些相关著述和稿本，如汪柏年《尔雅补释》民国

二十五年（1936）苏州文新影印书馆铅印本；王仁俊《玉函山房辑佚书续
编》（上海图书馆藏），上海古籍出版社 1989 年版；黄侃《尔雅音训》，
上海古籍出版社 1983 年版。

二、《尔雅诂林》择本精善

《尔雅诂林》在众多版本文献中进行了精心的选择，可谓择本精善。
如邵晋涵《尔雅正义》采用了较早的乾隆戊申（1788）余姚邵氏家塾本，
郝懿行的《尔雅义疏》也采用了较早刊印的咸丰六年（1856）刊本。清代
官书局的刻书校勘精审，《尔雅诂林》中多所采录，如清人严元照的《尔
雅匡名》和清人刘玉麐（1738—1797）的《尔雅补注残本》采用的都是广
雅书局的本子；清人汪文台的《十三经注疏校勘记识语·尔雅》采用的是
光绪三年（1877）江西书局刊本；清人杨国桢的《十一经音训·尔雅》采
用的是光绪三年湖北崇文书局刊本；佚名所撰《尔雅音图·尔雅图》，采
用的是光绪十年（1884）上海同文书局影印本。

《尔雅诂林》在版本选择和著录方面也有一些值得讨论的地方。《尔
雅》经注本有铁琴铜剑楼旧藏宋刊十行本、《古逸丛书》所收影覆宋蜀大
字本、《天禄琳琅丛书》所收宋刻监本，三种宋刻各有所长，也各有所短。
其中影宋蜀大字本与宋刻监本相同处颇多，而宋刊十行本与之多所不同。
《尔雅诂林》选择了影覆宋蜀大字本，如果再采用宋刊十行本，从学术研
究的角度看，会更加全面。同时，《尔雅诂林》在著录版本时，如能采用
收录在丛书中的具体版本，而不采用"四库全书本""四部备要本"的版
本说明文字，则为读者提供的版本信息会更加详细准确，在版本学上也更
加严谨规范。

三、《尔雅诂林》编排有序

为了体现《尔雅》研究的旨趣并方便读者的使用，朱延祖在《尔雅诂林》的"纂例"中提到，"首列经文郭注、次邢疏、次古注（辑佚）、次补注、次札记、次校勘、次音释，以类相从，附图于末"。经文《郭注》居首，这是研究《尔雅》的基础，宋代《邢疏》列经注之后，是方便经注的阅读，古注辑佚、补注、札记、校勘、音释，均是从不同的角度对《尔雅》的整理与研究，而图录附于最后，也符合一般文献编纂的通例。

《诂林》全书 16 开本六大册，前五册为《尔雅》正文及各家疏释，第六册为序跋及诸家评论，成为迄今为止《尔雅》研读新颖而较完备的专题资料库。

附：《尔雅诂林》引书目录（湖北教育出版社 1996 影印本）

尔雅注三卷	（晋）郭　璞撰	影覆宋蜀大字本
尔雅疏十卷	（宋）邢昺等撰	光绪四年（1878）吴兴陆氏十万卷楼仿宋刻本
尔雅古义十二卷	（清）黄　奭辑	汉学堂丛书本
玉函山房辑佚书·尔雅	（清）马国翰辑	长沙湘远堂刻本
玉函山房辑佚书续编·尔雅	（清）王仁俊辑	上海古籍出版社 1989 版
尔雅图赞一卷	（清）王　谟辑	汉魏遗书钞本
尔雅图赞一卷	（清）严可均辑	观古堂汇刻书本
尔雅图赞一卷	（清）钱熙祚辑	百部丛书集成影指海本
古经解钩沉·尔雅	（清）余萧客辑	乾隆六十年（1795）刊本
尔雅汉注三卷	（清）臧　镛辑	槐庐丛书本
孙氏尔雅正义拾遗一卷	（清）吴　骞辑	拜经楼丛书本

（续表）

尔雅一切注音十卷	（清）严可均纂	木犀轩丛书本
尔雅古注斟三卷	（清）叶蕙心撰	光绪二年（1876）李氏半亩园刊本
尔雅古注斟补	（清）陶方琦撰	汉孳室遗书钞本
十三经汉注四十种辑佚书	（清）王仁俊辑	上海古籍出版社 1989 年版
尔雅郑玄注稽存	许 森辑	民国二十一年（1932）石印本
尔雅音义十卷	（唐）陆德明音义	通志堂刊本
尔雅音义考证三卷	（清）卢文弨撰	抱经堂丛书本
尔雅新义二十卷附录一卷叙录一卷	（宋）陆 佃撰	百部丛书集成影粤雅堂丛书本
尔雅注	（宋）郑 樵注	学律讨原本
尔雅古注合存	（清）董桂新撰	稿本
尔雅注疏参义六卷	（清）姜兆锡撰	雍正十年（1732）寅青楼刊本
尔雅补注四卷	（清）周 春撰	观古堂汇刻书本
尔雅正义二十卷	（清）邵晋涵撰	乾隆戊申余姚邵氏家塾本
尔雅补注残本	（清）刘玉麐撰	广雅书局刊本
尔雅校议二卷	（清）刘玉麐撰	食旧堂丛书本
尔雅义疏二十卷	（清）郝懿行撰	咸丰六年（1856）刊本
尔雅郝注刊误一卷	（清）王念孙撰	殷礼在斯堂丛书本
尔雅经注集证三卷	（清）龙启瑞撰	皇清经解续编本
尔雅集解十九卷	（清）王闿运撰	湘绮楼全书本
尔雅义证	尹桐阳著	民国三年（1914）衡阳学社石印本
尔雅释地四篇注一卷	（清）钱 坫撰	皇清经解续编本

尔雅释言集解后案一卷	黄世荣撰	民国四年（1915）文惠全书本
尔雅虫名今释一卷	刘师培撰	刘申叔先生遗书本
尔雅补郭二卷	（清）翟　灏撰	木犀轩丛书本
尔雅郭注补正九卷	（清）戴　蓥撰	光绪十一年（1885）海阳韩氏经香阁刊本
尔雅古义二卷	（清）钱　坫撰	皇清经解续编本
尔雅旧注考证	李曾白撰	李滋然补刊本
尔雅正郭	（清）潘衍桐撰	光绪十七年（1891）浙江书局刻本
尔雅诤郭	朱学楠撰	民国二十五年（1936）印本
尔雅郭注佚存补订二十卷	（清）王树枏撰	王氏资阳莫文室自刻本
尔雅说诗	（清）王树枏撰	王氏陶庐丛刻本
尔雅通释	汪柏年著	民国二十五年苏州文新印书馆铅印本
十三经注疏正字·尔雅	（清）沈廷芳撰	四库全书本
尔雅小笺三卷	（清）江　藩撰	鄦斋丛书本
经义述闻·尔雅	（清）王引之撰	四部备要本
尔雅匡名二十卷	（清）严元照撰	广雅书局刊本
尔雅启蒙	（清）姚正父撰	咸丰刊本
尔雅正名	（清）汪蓥撰，黄侃评	制言杂志本
尔雅本字考	马宗芗著	民国二十八年（1939）齐鲁大学国学研究所印本
尔雅音训	黄　侃笺识，黄　焯编	上海古籍出版社 1983 年版

（续表）

尔雅义疑	（清）吴 浩撰	四库全书本
读尔雅日记一卷	（清）包锡咸撰	学古堂日记本
读尔雅日记一卷	（清）杨赓元撰	学古堂日记本
经读考异·尔雅	（清）武 忆撰	苏州获龙街中文学山房刊本
读雅笔记	李 雰撰	嘉庆甲子年（1818）赐锦堂刊本
十三经札记·尔雅	（清）朱亦栋撰	光绪四年（1923）武林竹简斋刊本
十三经客难·尔雅	（清）龚元玠撰	嘉庆二十三年刊本
十三经证异·尔雅	（清）万希槐辑	民国十二年湖北官书处印本
尔雅古义二卷	（清）胡承珙撰	道光丁酉年（1837）求是堂刊本
读书丛录·尔雅	（清）洪颐煊撰	道光元年刊本
十三经诂答问·尔雅	（清）冯登府撰	皇清经解续编本
尔雅古义补	（清）冯登府撰	稿本
群经蠡管·尔雅	刘 椿撰	道光戊子年（1828）敬信斋刻本
十二经考异摘要·尔雅	赵履和撰	咸丰十年（1860）刊本
群经平议·尔雅	（清）俞 樾撰	同治十一年（1872）刊本
十三经心龠·尔雅	（清）陶起庠撰	甲州陶氏家塾本
读尔雅日记一卷	（清）王仁俊撰	学古堂日记本
读尔雅日记一卷补记一卷	（清）蒋元庆撰	学古堂日记本
读尔雅日记一卷	（清）董瑞椿撰	学古堂日记本
读尔雅补记一卷	（清）董瑞椿撰	学古堂日记本

（续表）

读尔雅日记一卷	（清）王颂清撰	学古堂日记本
读尔雅日记一卷	（清）陆锦燧撰	学古堂日记本
尔雅诂二卷	（清）徐孚吉撰	南菁书院丛书本
尔雅稗疏四卷	（清）缪 楷撰	南菁书院丛书本
十三经旧学加商·尔雅	（清）吴修祐著	
香草校书·尔雅	于 鬯著	中华书局 1984 年版
尔雅学	陈 晋著	民国二十四年（1935）国立山西大学（今山西大学）教育学院本
尔雅石经考文提要	（清）彭元瑞撰	同治十二年（1873）重刻本
尔雅注疏校勘记十一卷	（清）阮 元撰	皇清经解本
十三经注疏校勘记识语·尔雅	（清）汪文台撰	光绪三年（1877）江西书局刊本
尔雅南昌本校勘记订补	（清）许光清撰	涉闻梓旧丛书本
十三经注疏校记·尔雅	（清）孙诒让撰	齐鲁书社 1983 年版
尔雅注疏本正误五卷	（清）张宗泰撰	稽学斋丛书本
尔雅注疏校勘札记	（清）刘光蕡撰	光绪二十年（1894）陕甘味经刊书处重校刊本
尔雅校笺	周祖谟撰	江苏教育出版社 1984 年版
尔雅音图·尔雅音	佚 名撰	光绪十年（1884）上海同文书局影印本
尔雅直正误	（清）周 春撰	粤雅堂丛书本
十三经音略·尔雅	（清）周 春撰	粤雅堂丛书本
尔雅直音二卷	（清）孙 侣撰	乾隆乙卯年（1795）山渊堂刊本

（续表）

尔雅直音校正	（清）王祖源校正	丛书集成初编本
十一经音训·尔雅	（清）杨国桢撰	光绪三年（1877）湖北崇文书局刊本
尔雅音释	干朝梧撰	嘉庆六年（1801）星子干氏刻本
尔雅音图·尔雅图	佚　名撰	光绪十年（1884）上海同文书局影印本

第四章 《尔雅》的版本与流传

　　《尔雅》与《十三经》中的其他经典文献一样，也分为经文、注、疏和音义。《十三经》基本上都产生在先秦时代，这些文献流传到汉和魏晋时代，在语言文字上便遇到了障碍，于是经书的注解便应运而生。在流行的《十三经注疏》中，除《孝经》是唐代玄宗所注外，其余十二部经典都是汉、魏、晋代的学者所注，如《尔雅》就是晋代郭璞所注。但到了唐宋，人们对于经书的注文本身也遇到了语言文字上的障碍，这样就出现了经书的正义，或称为疏。疏者，通也，意为疏通注文，同时也疏释经文本身，如《尔雅》就有宋代邢昺的疏。而唐代陆德明的音义也是给经文和注文注音释义的。

十三经注疏一览表

书名	注	疏
周易正义	（魏）王弼、（晋）韩康伯注	（唐）孔颖达等正义
尚书正义	（汉）孔安国传	（唐）孔颖达等正义
毛诗正义	（汉）毛亨传，（汉）郑玄笺	（唐）孔颖达等正义
周礼注疏	（汉）郑玄注	（唐）贾公彦疏
仪礼注疏	（汉）郑玄注	（唐）贾公彦疏
礼记正义	（汉）郑玄注	（唐）孔颖达等正义
春秋左传正义	（晋）杜预注	（唐）孔颖达等正义
春秋公羊传注疏	（汉）何休解诂	（唐）徐彦疏

（续表）

春秋穀梁传注疏	（晋）范宁注	（唐）杨士勋疏
孝经注疏	（唐）玄宗注	（宋）邢昺疏
尔雅注疏	（晋）郭璞注	（宋）邢昺疏
论语注疏	（魏）何晏注	（宋）邢昺疏
孟子注疏	（汉）赵岐注	（宋）孙奭疏

《尔雅》除了注、疏外，还有唐代陆德明的《尔雅音义》、唐代《开成石经》和唐写本上的经文白文。所以，要了解《尔雅》的版本及其流传，可以分为石经、写本、单经本、单注本（或称为经注本）、音义本、单疏本、注疏合刻本、注疏和音义合刻本等多种类型。

第一节　唐石经与写本《尔雅》

一、石经上的《尔雅》

中国古代书籍的载体，可以追溯到古代的甲骨、青铜器、竹简、缣帛、木牍以及石碑和摩崖，这些不同文献载体上的记载反映了中国古代书籍发展的历史。如战国时代秦代石刻中有形状似鼓的石鼓文，共有 10 件，现收藏在北京的故宫博物院。人们将刻于石碑和摩崖上的儒家、佛家和道家的经典称为石经。石经在历史上有许多种，如汉代的熹平年间所刻的《熹平石经》，刻成后曾立于洛阳太学；又如曹魏正始年间的《正始石经》，因采用古文、篆文、隶书三种书体，又称为“三体石经”，但以上两种石经均未包括《尔雅》。唐文宗大和七年至开成二年（833—837）间，曾用楷书在石碑上刻成了十二经，包括《易》《书》《诗》《周礼》《仪礼》

《礼记》《春秋左传》《春秋公羊传》《春秋榖梁传》《孝经》《论语》《尔雅》。因刻于唐代，又称唐石经，因刻成于开成年间，又称为"开成石经"。当时学者郑覃（？—842）等都曾参加了唐石经的校勘工作。其中郑覃在经学方面颇有造诣，又稽古守正，当时的唐玄宗对其十分欣赏并予以重用，同意了郑覃关于校勘整理并刻石经籍的奏章。文献经典经过秦汉南北朝和隋代的流传，虽经历代专家学者的相沿传承，但经籍讹谬，难以改正。于是郑覃等学者根据汉代典籍，校勘勒石，并立于太学，以作为人们阅读经典的标准规范。唐石经现保存于西安碑林博物馆。

唐石经中的《尔雅》首载郭璞序，每卷标立篇目，下题郭璞注，但仅有经文白文，并无注文，可以推断唐石经刻石时所用版本为《尔雅》郭注本，而删去了注文。唐石经《尔雅》分为卷上、卷中和卷下，其分卷篇目为：卷上自《释诂》至《释亲》四篇，卷中自《释宫》至《释水》八篇，卷下自《释草》至《释畜》七篇（图二十九）。

唐石经立石之时，担任勒字官的学者唐玄度在校勘字体时被认为多乖师法，形成了其中芜累甚矣的状况，故在唐石经立于太学后数十年，名儒皆不窥之，加之唐代以后唐石经又经后人改补，更失其真。所以对唐石经中的文字也不可尽信。尽管如此，唐石经毕竟是印刷术普遍应用之前的文献记载，较之刻本，不仅年代尚早，版次也少，更接近文献的原来面貌。清代学者严可均（1762—1843）称唐石经"此天地间经本之最完最旧者也……至其佳处，实贤于宋椠本多矣"[①]。有一些地方可以据唐石经校正刻本的错误，清代阮元在撰写《尔雅注疏校勘记》中就有不少这样的例子。

---

① （清）严可均：《唐石经校文·序例》，清光绪十六年四川尊经书局刻本。

二、写本上的《尔雅》

在刻版印刷流行之前，六朝与唐代人多采用写本，即用毛笔写在纸上。1900 年，道士王圆箓（1849—1931）发现了敦煌莫高窟的藏经洞，洞内就藏有写经、文书和其他文物四万多件。在 1907 年、1914 年英国人斯坦因（Marc Aurel Stein，1862—1943）掠走了两大批一万多件写本等文献后，1908 年法国人伯希和（Paul Pelliot，1878—1945）又掠走了 5000 件洞内写本的精品，其中就包括了《尔雅》的残卷。目录学家王重民（1903—1975，原名鉴，字有三，自号冷庐主人，河北高阳人）曾于 1934 年后到欧洲访学，在巴黎和伦敦为北京图书馆选择并且摄制敦煌古籍影片，并写过一些题记，略记卷轴的起讫和内容。1999 年 2 月，笔者曾专程赴北京大学进行名人手稿的采访，在友人的帮助下，经与王重民家族的交流沟通，他们将所藏王重民手稿 17 件悉数捐给了上海图书馆进行收藏。这些手稿中就有王重民的《巴黎图书馆藏中国书目录》笔记本两本，笔记本还是欧洲生产，其中也有一些单页片纸抄录文章备忘的注记。王氏笔记中曾有关于《尔雅》郭注残卷的文字，可以与《伯希和劫经录》的文字进行对照[①]：

序号	王重民巴黎藏中国书目录笔记	伯希和劫经录
3735 尔雅郭璞注残卷	尔雅郭璞注残卷，由释地至释水，释地"齐州以南戴日为丹穴"句以上，著录在2661号，盖一卷而断为两截也。不避唐讳，当是六朝写本，末有天宝八年、大历九年、乾元二年书主题记	《伯希和劫经录》2661著录为：尔雅残卷（郭璞注），存释天至释地。背为方技书，名"诸杂略得要抄子"。

① 王世伟：《上海图书馆藏王重民先生手稿提要》，载《历史文献研究》，国家图书馆出版社，2008 年，第 195 页。

王重民还写有《敦煌古籍叙录》一书，其中也提到了现存巴黎为伯希和所掠的"尔雅白文伯 3719""尔雅注郭璞撰伯希和 2661、3735 敦煌秘籍留真新编影印本"[①]。

这里的《尔雅》白文残卷，自《释诂》"遭逢遇也"，迄《释训》"委委他他美也"，共保存了 84 行。王重民认为，残卷"书法不佳，然犹是唐代写本。其间异文别字，足资于今本之校勘与训诂者不少"。以《释诂》篇为例，"棲、迟……息也"句，写本残卷有"劳"字，今本缺，而《郭注》"苦劳者宜止息"，则可证明《尔雅》经文原来有"劳"字（图三十）。

这里的《尔雅》郭注残卷，存《释天》第八至《释水》第十二。王重民认为，唐讳不缺笔，盖为六朝写本。将郭注残卷与今本相校，可以了解经文之异者和郭注之异者。此残卷中通假别构之字，衍羡异同之文，有助于校勘训诂者甚多，不胜枚举。可见六朝唐代写本在文献校勘上的重要作用（图三十一）。

周祖谟在整理《尔雅》时，也注重采用了六朝唐写本作为校勘之资。他在所著《尔雅校笺》的凡例中介绍了他所采用的六朝唐代写本及其文献价值：《尔雅》除宋代刻本以外，敦煌石室所出古籍中有唐写本《尔雅》两种。一种无注文，另一种有郭注。这是今日所见《尔雅》最早的唐代写本了，可惜所存不多。根据这一种残卷可以改正今本很多讹误[②]。

---

① 王重民：《敦煌古籍叙录》，中华书局，1979 年，第 74—75 页。
② 周祖谟：《尔雅校笺凡例》，江苏教育出版社，1984 年，第 1 页。

第二节　单注本《尔雅》

单注本就是指《尔雅》经文与郭璞注文合刻的本子。在《尔雅》单注本的流传中，除了以上提到的敦煌郭注残卷外，较为著名的版本有中国国家图书馆藏宋刻十行本（简称宋刊十行本）、《古逸丛书》所收影覆宋蜀大字本（简称宋蜀大字本）、《天禄琳琅丛书》所收宋刻监本（简称宋刊监本）、元雪窗书院本（简称雪窗本）、明吴元恭本（简称吴元恭本）。

一、宋刊十行本《尔雅》

研究古籍宋元版本，刻本的行款格式是一个重要的依据。宋刊十行本刻版时每半叶的行款设计为十行，所以称为十行本。宋版文献中还有设计为八行本的，如宋蜀大字本就是八行本。宋刊十行本《尔雅》避讳缺笔至"构"字为止，这是避宋高宗赵构（1107—1187）的名讳，据此可断其为宋南渡初年的刻本。全书分为上中下三卷，各卷后附有音释，卷末总计有经若干字、注若干字（图三十二）。

宋刊十行本早先曾藏于清代藏书家汪士钟（1786—？）处。汪氏为清代苏州藏书大家，曾得到一些著名藏书家的旧藏，所藏宋元珍本众多，藏书室名为"艺芸书舍"。汪氏所藏十行本后归藏到了清代后期的藏书家瞿镛（1794—1864）处，瞿氏因所藏有铁琴、铜剑各一，遂名其藏书处为"铁琴铜剑楼"。清代著名校勘学家顾广圻（1770—1839）曾在宋刊十行本上写有跋语："道光甲申春仲，从艺芸书舍借来，细勘一过，知其佳处，洵非以后诸刻所能及也。思适居士顾千里记……异日当并单本邢疏再勘。三月朔又记。"①

宋刊十行本现藏中国国家图书馆，曾收入张元济（1867—1959）先生所编《四部丛刊初编》（民国八年 [1919] 上海商务印书馆初次影印）；1960 年文物出版社所出北京图书馆所编《中国版刻图录》也收有书影并写有提要；1989 年上海古籍出版社出版《中国古籍善本书目》经部时也曾收录，序号为 3828，著录文字为"尔雅三卷（晋郭璞注），音释三卷（宋刻本，清顾广圻跋）"；周祖谟作《尔雅校笺》时即以宋刊十行本作为重要的校本；2010 年上海古籍出版社的《尔雅注疏》新校勘整理本中的《尔雅经注》，即用宋刊十行本作底本。这些都证明了宋刊十行本在版本上的重要地位。

二、宋蜀大字本《尔雅》

宋代版本中，四川的蜀大字本颇具特色，其所用宋体遒劲方正，字大如钱，较易辨认，版式疏朗，读来赏心悦目。宋蜀大字本《尔雅》覆刻本为日本藏书家京都高阶氏所收藏。日本学者森立之（1807—1885）在所撰《经籍访古志》一书中曾提到宋蜀大字本（图三十三），其提要云：

> 《尔雅》三卷，覆宋大字本，京都高阶氏藏。晋郭璞注，首载璞序。
> 每卷题《尔雅》卷几、郭璞注，次行列书篇目。每半板八行，行十六字，
> 注双行二十一字，界长七寸五分，幅五寸四分。文字丰肥，楷法端劲。
> 敬、惊、弘、殷、匡、胤、玄、朗、恒、祯、真、微等字欠笔。间有
> 南宋孝宗时补刊，桓、遘、慎三字欠笔。卷末有"经凡一万八百九言，

---

① 瞿良士：《铁琴铜剑楼藏书题跋集录》卷一，上海古籍出版社，1985 年，第 19—20 页。

注凡一万七千六百二十八言"二行及"将（任）仕郎守国子四门博士臣李鹗书"一行。[①]

清末学者杨守敬（1839—1915）认为宋蜀大字本《尔雅》为众版之祖，另一清末学者黎庶昌（1837—1898）则认为此版尤为蜀本真面，最为可贵。清光绪年间，黎庶昌辑《古逸丛书》，将此版影刊收入。

关于影宋蜀大字本版本的来源，在以往的学术讨论中，主要有两种观点，一是认为影宋蜀大字本为北宋据后唐蜀本重雕者；二是认为影宋蜀大字本为南宋国子监覆刻北宋监本。日本神宫文库所藏旧刊《尔雅》翻刻本为现存《尔雅》蜀大字本较早版本。

三、宋刊监本《尔雅》

宋刊监本《尔雅》三卷，字大悦目，颇便阅读。周祖谟《尔雅校笺》即用此版作为底本，体现出此版的学术价值。有学者认为宋刊监本即上面提及之宋蜀大字本。从版本校勘而言，宋蜀大字本和宋刊监本确有诸多相同的地方，但也有不少不同之处。如果认为宋蜀大字本与宋刊监本是同一个版本，则应对两个版本的诸多不同之处作出有说服力的解释。对这一问题，还需要进一步论证，不宜轻下结论。宋刊监本开卷序页中有"宋本""甲""毛晋私印""毛晋""汲古主人""毛扆之印""斧季"诸收藏印记，各卷末又有"汲古阁"藏书印，末二叶缺，毛氏影补。可见此版曾经明代大藏书家毛晋（1599—1659）、毛扆（1640—1713）父子收藏，并经毛氏影写补充了缺页。毛氏父子作为明代著名的收藏家，对所收藏的

---

① 森立之：《经籍访古志覆宋大字本尔雅三卷提要》，载《尔雅注疏》，上海古籍出版社，2010年，第627页。

宋元刊本之精者，以"宋本""元本"的椭圆式印加以区别，又以"甲"字印钤于卷首；"汲古阁"是毛氏父子的藏书楼名，故也自称为"汲古主人"；"斧季"为毛扆的字。毛氏父子的汲古阁藏书被誉为明季藏书最著者。台北"故宫"所藏宋刊监本《尔雅》为现存《尔雅》监本之祖，曾收入 1932 年故宫博物院影印的《天禄琳琅丛书》的第一集，题"据南宋监本影印"。

四、元雪窗本《尔雅》

雪窗本《尔雅》三卷，这一版本在开首署有"雪窗书院校正新刊"八字，故学界简称为"雪窗本"。此版行款与上面几种宋版有所不同，每半叶十一行，行十九字，注文双行，行二十六字。细黑口，四周双边。注文中附有切音，在经文本字上加圈为识，十分醒目，也是与其他版本不一样的地方。清代学者阮元在整理校勘《尔雅》时，对雪窗本评价甚高，认为雪窗本与一些俗刻所行刊本相较，则远胜之矣。如：

> 《释诂》："席，大也。""席"，宋刊十行本作"席"，雪窗本与宋刊单疏本、影宋蜀大字本、宋刊监本、宋版《经典释文》以及吴元恭本均作"蓆"，清代阮元在校勘记中肯定了雪窗本等的用字，认为："《说文》：蓆，广多也；席，藉也。广多有大义，当从《释文》。《诗·缁衣》亦作蓆，《毛传》曰：蓆，大也。本此。"

> 《释宫》："石杠谓之徛。"郭注："聚石水中以为步渡彴也。"注文中之"彴"，宋刊十行本、影宋蜀大字本、宋刊监本、宋刊单疏本、吴元恭本都作双人偏旁，只有雪窗本作单人偏旁。阮元在校勘记中肯定了雪窗本的字形，认为《说文》"彴"解释为"约也"，没有双人

偏旁的“仢”，当从雪窗本。[1]

雪窗本中还有与众本不同的字样，保留了古代的一些俗字的字形。雪窗本现收藏于中国国家图书馆，1989年上海古籍出版社出版《中国古籍善本书目》经部时，收录了两部收藏于中国国家图书馆的雪窗本，序号分别为3830、3831，分别著录为“尔雅三卷，晋郭璞注，元雪窗书院刻本”“尔雅三卷，元雪窗书院刻本，清臧庸校，清陈焯、翁同书跋”（图三十四）。

五、明吴元恭本《尔雅》

吴元恭本《尔雅》三卷，这是宋元之后《尔雅》单注本中最好的本子（图三十五）。明代嘉靖十七年（1538），明人吴元恭校刻。虽源之于宋版，但行款也稍有不同：每半叶八行，行十七字。清代学者阮元对其评价很高，认为吴元恭本“间有一二小误，绝无私意窜改处。不附《释文》，而郭注中之某音某完然无阙，为经注本之最善者，必本宋刻无疑”[2]。

清代版本学家顾广圻曾于清代嘉庆丙寅（1806）据吴元恭本重新刊行。顾氏在当年十月重刊序中认为：“经典旧本类就湮没，良由朴学，故艰于传刻耳。此明嘉靖时《尔雅》，世不多见，蒙实病焉，乃重刊之。其本审知原出宋椠，足订正俗本讹脱，今不具论，以读者当自得之矣。”字里行间，流露出经典版本流传之不易，并毅然承担起了保存宋版源流、订正俗本讹脱的藏书家使命。明吴元恭本与宋刊十行本相比较，相同的地方甚多，

① （清）阮元：《尔雅注疏校勘记》“引据各本目录”提要，载《十三经注疏》下册，中华书局，1980年，第2566页。

② （清）阮元：《尔雅注疏校勘记》“引据各本目录”提要，载《十三经注疏》下册，中华书局，1980年，第2565页。

据此可以了解《尔雅》版本源流。清代藏书家瞿镛在《铁琴铜剑楼藏书目录》中曾详细列举了宋刊十行本与吴元恭本的相异之处。但是笔者将瞿氏所校异同的地方与现收藏于上海图书馆的明吴元恭本逐一核对，发现瞿氏列举的相异之处均为顾广圻重刊时所改，与明吴元恭本原版并无相异的地方。这也充分说明了当年顾广圻所指出的吴元恭本"其本审知原出宋椠"的分析是符合实际的。而瞿氏当年校勘之所以会出现以上的误校，可能因为吴元恭本在清代已流传较少，不易获得，于是采用了顾广圻的重刊本作为校勘工作的本子，而校勘结束后又未能找到明吴元恭本的原本进行核对，于是产生了这样的校记失误。这也说明做文献研究必须依据第一手资料。

1989 年上海古籍出版社出版《中国古籍善本书目》经部时，收录了两种吴元恭本，一种收藏于中国国家图书馆等七家机构，著录为"尔雅三卷，晋郭璞注，明嘉靖十七年吴元恭刻本"；另一种收藏于上海图书馆，著录为"尔雅三卷，明嘉靖十七年吴元恭刻本，清钱孙保校并跋"。

《尔雅》单注本除了以上列举的五种外，尚有元代刊刻的巾箱本，明清年间的诸多版本，但这些版本同上面所列举的版本相比较，就显得不那么重要了。

第三节　单疏本《尔雅》

单疏本是指《尔雅》疏文单刻的本子，疏文前列《尔雅》经文并列注文的起止文字，所以其中没有郭璞注文的完整文字，也没有陆德明的音义。

一、经典单疏本的故事

经典的单疏本始于宋太宗赵光义，从宋代端拱元年到淳化五年（988—994），前后七年，曾先后在北京的国子监上版刻印了《易》《书》《诗》《春秋左传》《礼记》等五部经书，作为当时的官刻。到了咸平年间（998—1003），在杭州又续刻了七经，即《周礼疏》五十卷、《仪礼疏》五十卷、《春秋公羊传疏》三十卷、《春秋榖梁传疏》十二卷、《孝经正义》三卷、《论语正义》十卷、《尔雅疏》十卷，凡一百六十五卷。这样《十三经》中的十二经都有了单疏本，只是当时《孟子》尚未列于学官，还不为学界和社会所重视，故没有列入经典单疏本刻书的名单之中。这些北宋的刻版，至南宋时汴京陷落，经版散失。宋代高宗初年，便在当时的都城杭州以北宋的单疏本雕版重印。所以我们今天看到的单疏本，大都是重新雕版印刷的本子。清代修《四库全书》时，参加编修的学者尚未看到《尔雅》的单疏本，搞不明白疏文与注文分别刊刻的情况，因未见原刻，所以当时就无法考证了。在《四库全书》当年广泛征求文献的情况下，整理者都未能见到《尔雅》单疏本，可见单疏本在清代中前期已很少流传。清代藏书家黄丕烈（1763—1825）（图三十六）的藏书处"士礼居"曾藏有单疏本《尔雅》，清代阮元《尔雅注疏校勘记》即用此本，但后在战乱中遗失。现在《尔雅》单疏本存世的仅有以下两种。

二、皕宋楼藏宋刊单疏本《尔雅》

宋刊单疏本《尔雅》十卷，为清代藏书家陆心源（1834—1894）皕宋楼旧藏。陆氏藏书的源流可以追溯至清代藏书家黄丕烈，以及后来的汪士钟和郁松年（1799—1865），藏书甚精，故名其藏书处为"皕宋楼"，意为藏有二百种宋本之意。20世纪初，陆心源之子陆树藩（1868—1926）

经商失败，维持藏书遇到困难。1907年，日本汉学家岛田翰（1879—1915）以介绍人身份怂恿陆家出售藏书，结果陆氏藏书以十万银元价格售予日本静嘉堂文库。这样，原藏于"皕宋楼"的《尔雅》宋刊单疏本便移藏到了日本静嘉堂文库。2001年11月，笔者到日本访学期间，曾在日本静嘉堂文库目验此书。全书共五册，书前有题语："尔雅疏一册，乃的真宋板，元致和元年册纸所印也。考致和元文宗年号，当时去宋未远，其铠铢犹有存者，可喜也。封面为宋白麻纸，此亦希世之物，较宋板书更不可得。"题语后有"嘉兴新丰乡人唐翰题收藏印"。卷前序文天头处有"存斋四十五岁小像"肖像印，"存斋"为陆心源的号。首册正文前有签条，原题"北宋本"，有铅笔将"北"改为"南"字，可见已有目验这一珍本的学者藏家认识到此单疏本实为南宋时翻刻，不能著录为北宋的版本。日本的静嘉堂是日本著名私家藏书楼名，由日本三菱财团第二任社长岩崎弥之助（1851—1908）、第四任社长小弥太（1879—1945）父子两代创设。"静嘉堂"的名称取源于《诗经·大雅·既醉》"其告维何，笾豆静嘉"句。"笾豆"是先秦时祭祀和宴饮用的似豆形的器物，"静嘉"意为清洁而美也。唐代孔颖达疏云："维何者，问之辞；静嘉者，答之意。言政平气和因解水陆之物得美之意。"静嘉堂坐落于日本东京都世田谷区世田谷美术馆旁，为一座二层楼房，现藏有20万册古籍，其中汉籍12万册，日本和书8万册，另有中国古代美术作品5000件（图三十七）。

三、中国国家图书馆藏宋刊单疏本《尔雅》

现在存世的另一种宋刊单疏本《尔雅》十卷藏于中国国家图书馆。1922年，张元济在辑印《续古逸丛书》的过程中曾收录此版，题"《尔雅疏》十卷，（宋）邢昺撰，民国十一年（1922）据宋咸平本影印"。1934年，张元济等辑《四部丛刊续编》时，也收录了此版，题"《尔雅疏》十卷，（宋）邢昺等撰，据宋本影印"。《四部丛刊续编》题语与《续古逸丛书》题语相比，有两处不同，一是将"邢昺撰"改为"邢昺等撰"，反映了《尔雅疏》作者的实际情况；二是将"据宋咸平本影印"改为"据宋本影印"，说明尚不能确定单疏本在南宋时具体的刊刻时间。1960 年，当年的北京图书馆在编辑《中国版刻图录》时也收录了馆藏的《尔雅》单疏本，著录为"宋刻宋元明初递修公文纸印本"，说明此版经南宋刻印后，在宋元明初又经过了递修，1989 年上海古籍出版社出版的《中国古籍善本书目》经部"小学类"收录《尔雅》宋刊单疏本时，也作同样的著录，序号为 3857。以上两种丛书、《版刻图录》以及《善本书目》的不同著录文字，为我们提供了较为全面的宋刊《尔雅》单疏本的版本信息（图三十八）。

中国国家图书馆藏宋刊单疏本正文前护页有"得此书，费辛苦，后之人，其鉴我"和"仲鱼图像"藏书印，为清藏书家陈鳣（1753—1817，字仲鱼）藏书印。由于陈鳣藏书多善本，后来有书商伪刻"仲鱼图像"钤于书上以冒充陈氏旧藏书，成为古籍版本流传中的故事（图三十九）。

第四节　注疏本《尔雅》

注疏本指《尔雅》经文同郭璞注文、邢昺疏文合刻的本子，有的本子还加上了陆德明的音义。

一、《尔雅》不同版本的分卷对照

与单注本《尔雅》三卷和单疏本《尔雅》十卷分卷不同，元、明、清

《尔雅注疏》的本子均分为十一卷，但分卷被批评为极无理。通过下面的对照表可以了解三种版本分卷的不同。

《尔雅》不同版本的分卷对照表

卷　次	单注本篇目	单疏本篇目	注疏本篇目
第一卷（卷上）	诂、言、训、亲	诂（从"始也"至"强也"）	诂（分上中下）
第二卷（卷中）	宫、器、乐、天、地、丘、山、水	诂（从"我也"至"死也"）	言（分上下）
第三卷（卷下）	草、木、虫、鱼、鸟、兽、畜	言	训（分上下）
第四卷		训	宫、器（分上下）
第五卷		宫、器、乐	乐、天（分上下）
第六卷		天	地、丘
第七卷		地、丘、山、水	山、水
第八卷		草	草（分上下）
第九卷		木、虫、鱼	木（分上下）
第十卷		鸟、兽、畜	虫、鱼、鸟（分上下）
第十一卷			兽、畜

　　古书的分卷，因各个朝代的不同藏书家或印刷出版商的不同而有所区别。有的是遵照文献的内容性质，如《尔雅》单注本的分卷；有的是根据文献篇幅的多寡，如单疏本的分卷；但《尔雅注疏》本的分卷就缺少了序次法度，其分卷包括各篇内容的细分，有相当的随意性，给阅读和研究带来了一些不便。

二、元刊明修本《尔雅注疏》

元刊明修本《尔雅注疏》十一卷，经文半叶九行，行二十字，注、疏俱低一格，双行，行二十一字。黑口。其中"黑口"是古代雕版版式的重要内容。黑口的位置在版框的象鼻处，以黑线之粗细分为小黑口（细黑口）、大黑口（宽黑口）和阔黑口三种，其作用在于表识版页左右之中心，为折叠之准绳。没有这种黑线的则称为"白口"。宋代版本以白口居多，而元代则以黑口居多，其中官刻多为小黑口，坊刻多为大黑口。所以黑口也成为版本鉴定的重要依据。

元刊明修本《尔雅注疏》优劣互见。阮元在《尔雅注疏校勘记》中认为，此版"疏字内多明人补刻板，其佳者，往往与单疏本、雪窗本印合，而讹字极多，不胜指摘"[①]。有趣的是，此版内中序文首题郭璞序，邢昺疏序，后接题"尔雅兼义一卷上"，有人便误以为《尔雅注疏》《尔雅兼义》为两部书。实际上"兼义"就是注疏，兼义者，兼并"正义"的疏文合刻之，以区别于单注本。在《尔雅》注疏本中，元刊明修本《尔雅注疏》十一卷脱文改字之病相对较轻，故被认为是《尔雅》注疏本中的善本。

三、明清其他注疏本

明清两代中，《尔雅注疏》还有多种版本，如明嘉靖年间闽中御史李元阳（1497—1580）刊《十三经注疏》本，行数和字数与元版略有不同：每半叶九行，行二十一字，注文低一格，单行，行二十字，居中，白口。经文、注文和疏文分大中小三等字以示区别。此版不仅有注文和疏文，还有陆德明的音义，这是与元版注疏本不同的地方。

---

① （清）阮元：《尔雅注疏校勘记》"引据各本目录"提要，载《十三经注疏》下册，中华书局，1980年，第2566页。

又如明监本《尔雅注疏》十一卷，明万历二十一年（1593）北京国子监刻《十三经注疏》本，每卷首署"皇明朝列大夫国子监祭酒臣曾朝节、司业臣周应宾等奉敕重校刊""皇明朝列大夫国子监祭酒吴士玉、承德郎司业仍加俸一级臣黄锦等奉旨重修"。还有明汲古阁毛本《尔雅注疏》十一卷（图四十），明崇祯庚辰（1640）毛晋汲古阁刊《十三经注疏》本，较为流行，但与明监本相比，错误较多。另外，在清代还有乾隆十年（1745）三乐斋刊《尔雅注疏》十一卷、嘉庆二十年（1815）阮元校南昌府学刻《十三经注疏》本以及乾隆武英殿刻《十三经注疏》本等。

第五节　音义本《尔雅》

音义本《尔雅》指的是唐陆德明的《经典释文》中的《尔雅音义》，由于这里的《尔雅音义》没有《尔雅》的经文、郭璞的注文和邢昺的疏文，故也可以称之为《尔雅音义》的单刻本；但也有将《尔雅》经文、郭璞注文和陆德明音义合刻的本子。

一、《经典释文》

《经典释文》的传刻本有中国国家图书馆藏宋版，是《经典释文》传世文献中最早的本子，文献价值很高，曾收藏于清内府，刻本中避讳至"慎"字止，刊刻时间当在南宋孝宗之后。上海古籍出版社 2010 年 10 月出版的《尔雅注疏》中的音义内容采用的就是这一宋刻本。其保留的字体与宋刊十行本、影宋蜀大字本、宋刊监本多所相同，文献价值弥足珍贵。明末清初的藏书家叶奕（1605—1665）好学藏书，见到其他藏书家的案头文献，就想方设法借归后亲自抄写，夜以继日。一旦得到珍贵的秘籍，即与好友藏书家钱曾（1629—1701）互相传录，即使到了黑夜也会前去叩门交流。

明末藏书家钱谦益（1582—1664）多藏有宋刻孤本，藏书楼名"绛云楼"，其中就曾藏有《经典释文》的宋版本，叶奕曾经将这一宋本抄写，称为《经典释文》的影宋抄本。后来清代流传于世的《经典释文》，如徐乾学（1631—1694）通志堂经解本、卢文弨（1717—1796）抱经堂刊本等，均源出于叶氏的影宋抄本。徐乾学的通志堂经解本刊行于世后，清代一些学者曾据宋刻本和叶氏抄本细加勘校，发现了徐乾学的通志堂经解本中有不少错误的地方。卢文弨的校勘水平很高，但抱经堂本当时未能据叶氏的抄本校勘，留下了校勘方面的遗憾。

二、注、音义本

注、音义本就是《尔雅》经文同郭璞注、陆德明音义合刻的本子，其中没有邢昺的疏文。由于郭璞注和陆德明的音义文字篇幅不多，可能当时的出版机构考虑到方便读者阅读《尔雅》，故略去了文字繁多的邢昺的疏文，仅保留了经文、注文和音义。注文和音义合刻的本子多为清代刻本。如清代山东书局于同治十一年（1872）刊《尔雅》三卷，著录为"晋郭璞注，唐陆德明音释"。当时适逢战乱，各府、州、县学中的旧藏文献大半散佚，经史版片也多毁于战火，为振兴文教，山东书局便刊行了此书。又如清代湖南书局于同治十三年（1874）刊《尔雅》三卷，著录为"晋郭璞注，唐陆德明音义"，这里的"音义"同山东书局著录的"音释"意思相同，只是用词不同。因当时曾重刊《周礼》，而坊间《尔雅》缺少善本，所以集郭璞注、陆德明音义重加校勘刊行，以作为当时的家塾读本。此外还有清光绪十二年（1886）湖北官书局重刊《尔雅》三卷，采用了多种文献进行校勘；清光绪二十一年（1895）金陵书局重刊《尔雅》三卷等。

第五章 《尔雅》研读方法

《尔雅》虽列于儒家经典，但实际上是一部词典，一部工具书，与《诗经》《春秋》等经典相比，读起来有些困难，会感到比较枯燥。这就需要掌握其研读的方法，从而达到循道而究其旨、探例而解其意的目的，起到事半功倍的效果。

第一节 目录导读法

古代学者认为，目录为治学的第一要务，也是治学的门径，研读《尔雅》同样如此。有关《尔雅》或有关雅学的书目有多种，下面分别予以介绍。

一、清谢启昆《小学考》

考，是古代书目的一种名称，如学者谢国桢（1901—1982）著有《晚明史籍考》，就是一部关于晚明时期的历史文献书目提要的研究著作。清代经学家朱彝尊（1629—1709）曾著有《经义考》一书，是一部研究经学的书目，但其中有关字形、字音、字义方面的书籍则没有收录。这样，便有了清代学者谢启昆（1737—1802，号蕴山，江西南康人）的《小学考》一书（图四十一）。《小学考》五十卷，分为训诂（卷一至卷八）、文字

（卷九至卷二十八）、声韵（卷二十九至卷四十四）、音义（卷四十五至卷五十）四类，其中训诂八卷均为雅学书目，而有关《尔雅》的书目共有48种，每种书目下均收录了书籍的原本序文和历代文献上的著录，还有各家的评论文字。谢启昆有时也在辑录的史料后面加上自己的考证文字，资料较为详实。清代学者钱大昕称赞《小学考》一书"搜罗博奥，评论又公且当"①。《小学考》一书有清咸丰刊本，收录于上海古籍出版社 2002 年出版的《续修四库全书》，在史部目录类第 922 册。

二、清黄奭《尔雅古义》总序

清代辑佚学家黄奭（1809—1853，字右原，江苏甘泉人）在所著《尔雅古义》的总序中曾列举了清代《尔雅》研究的一些书目，这些有关《尔雅》的研究著作经过了作者的挑选，是作者认为较有价值的《尔雅》研究文献。其序云："国朝为是学者众，予以汉儒家法师承有在，谨附去取所见书目于后。"（图四十二）

《殿版尔雅注疏考证》

姜兆锡《尔雅参义》

谭吉璁《尔雅广义》《纲目》

吴　浩《尔雅疑义》

王　谟《尔雅犍为文学注》

周　春《尔雅广疏》

翟　灏《尔雅补郭》

---

① （清）钱大昕：《小学考序》，载《续修四库全书》第 922 册史部目录类，上海古籍出版社，2002 年。

任基振《尔雅注疏笺补》

沈廷芳《尔雅注疏正字》

余萧客《尔雅释》《钩沈》《注雅别抄》

程遥田《尔雅释宫》《释草》《释虫小记》

卢文弨《尔雅释文考证》

吴　骞《尔雅孙炎正义》

邵晋涵《尔雅正义》

钱大昭《尔雅释文补》

戴　震《尔雅文字考》

戴　蓥《尔雅郭注补正》

刘玉麟《尔雅古注》

阮　元《尔雅注疏校勘记》

陈　鳣《尔雅集解》

臧镛堂《尔雅汉注》

郝懿行《尔雅义疏》

胡承珙《尔雅古义》

严可均《尔雅一切注音》

江　藩《尔雅正字》

黄　奭《尔雅古义》

以上所列举的《尔雅》研究书目，为我们研读《尔雅》提供了文献线索。

黄奭的《尔雅古义》十二卷曾收入其所辑《汉学堂丛书》的"小学类"中，有清道光中甘泉黄氏刊光绪中印本。《汉学堂丛书》后易名为《黄氏逸书考》后，有民国十四年（1925）王鉴修补印本，民国二十三年（1934）江都朱长圻据甘泉黄氏原版补刊印本。

三、清胡元玉《雅学考》

《雅学考》一卷，为清代光绪年间学者胡元玉所撰。胡氏认为，《尔雅》之学，兴盛于汉代，一直延续至东晋，注解有十多家；到了隋唐，还有为之注解的学者；而到了宋代，理学兴起之后，注重考据的实学渐渐荒疏了，雅学的著作因此也逐渐散佚。如果不加以抢救整理，就会使前辈学者的付出付之东流，也是后起学者的罪过。于是，胡元玉采集并考证宋代以前历代的雅学文献，汇聚各家众言，并附以自己的研究心得，共收录宋代以上雅学著作 43 种，分为五类。其中注解类 12 种，序篇类 1 种，音义类 15 种，图赞类 2 种，义疏类 2 种，胡氏还作了《祛惑》1 篇，驳正淆乱。胡氏指出，宋代以后的文献没有收录，是因为雅学自宋代之后衰落了，但从雅学研究的历史全面性和完整性而言，不免有所缺失。

《雅学考》对所收雅学著作的提要内容主要包括两大部分，一是前人的评述文字和考证文字，二是胡氏自己的见解。"使有书者，不因书亡而名没不称；无书者，不以误纪而滥尸作者。其所考按多确切不移，雅学源流始得统纪"[1]。使研读《尔雅》的学者能据以考镜源流。此书的缺点是收采的书目太少，宋代以后的书目均付诸阙如。

《雅学考》有长沙东长街益智书局刻本，曾入《镜珠斋汇刻》丛书，有清光绪十七年（1891）刊本，但印本不多，流传不广。后来北京大学罗膺中（1900—1950）所藏原本，依式重刊，请周祖谟负责校勘。因此，周祖谟便写了《重印雅学考跋》，述雅学废兴之迹，又别撰《续雅学考拟目》，

---

[1] 周祖谟：《重印雅学考跋》，载《问学集》下册，中华书局，1966 年，第 690 页。

均附于卷末。这些研究内容，都收录在周祖谟所撰《问学集》中了。

四、黄侃《尔雅略说》

音韵训诂学家黄侃（1886—1935，字季刚，湖北蕲春县人）所著《尔雅略说》内容十分丰富，全文分为十二论：论《尔雅》名义，论《尔雅》撰人，论《尔雅》与经传百家多相同，论经儒备习《尔雅》，论《尔雅》注家一，论《尔雅》注家二，论《尔雅》注家三，论宋人《尔雅》之学上，论宋人《尔雅》之学下，论清儒《尔雅》之学上，论清儒《尔雅》之学下，论治《尔雅》之资粮。除前四论及末论外，其余七论可以看作是雅学的提要目录。其中收录了自汉代以来研究《尔雅》的主要书目，一一考证源委，评论得失。黄侃在文字、音韵、训诂方面均有所建树，造诣很高，且其《尔雅略说》又晚于以上几种书目，所以黄侃写的叙录文字是初学研读《尔雅》的较好的工具书。此文收入《黄侃论学杂著》，上海古籍出版社 1980 年 4 月版，中华书局 2006 年新版时书名改为《黄侃国学文集》。

五、周祖谟《续雅学考拟目》

周祖谟在《重印雅学考跋》中谈到了《续雅学考拟目》的缘起，他说："胡氏《雅学考》之作意在辨稽旧说，不以备目为主，天水以下概付阙如。虽云'著雅学所由衰歇'，治雅学史者终憾其未备。谢蕴山《小学考》首列训诂，又不录当代之书。余谓宜撮录宋元以来诸家所作为《续雅学考》一书，以著雅学之流变，庶研古训者得以穷源竟委，考镜异同。"

《续雅学考拟目》将宋以后雅学书目序次为十类：

一校勘。校勘众本，正其讹误者，如清卢文弨《尔雅音义考证》、清阮元《尔雅注疏校勘记》等。

二辑佚。辑唐宋诸书中所引之古注旧音者，如清余萧客《尔雅古经解钩沉》、清黄奭《尔雅古义》等。

三补正。补《郭注》《邢疏》之未备，兼正其误者，如清周春《尔雅补注》、清翟灏《尔雅补郭》等。

四文字。以《说文》为本，正《尔雅》之俗字者，如清江藩《尔雅小笺》、清严元照《尔雅匡名》等。

五音训。注音者，如元胡炳文《尔雅韵语》、明薛敬之《尔雅便音》等。

六节略。删节注疏者，如佚名《尔雅兼义》、元危素《尔雅略义》等。

七疏证。疏证经注者，如清邵晋涵《尔雅正义》、清郝懿行《尔雅郭注义疏》等。

八补笺。读前人书，补其未详，条记之者，如清钱大昭《尔雅释文补》、清徐孚吉《尔雅诂》等。

九考释。专考释名物者，如清钱坫《尔雅释地四篇注》、清宋翔凤《尔雅释服》等。

十释例。释经文之例者，如清陈玉澍《尔雅释例》、王国维《尔雅草木虫鱼鸟兽释例》等。

以上十类书目各类文献的先后序次，以撰人时代先后为序，所收书目共计 59 种，大部分为清人著作，间有宋、元、明人的著作。每种书目下附有此书的作者、版本及内容得失。如：

《尔雅古义》十二卷

清甘泉黄奭右原辑。光绪四年番禺李光廷刻本。汉学堂丛书本。
张宗炎刻榕园丛书本。辑古注古音，与马氏大同小异。

《续雅学考拟目》成为汇集清代以来《尔雅》研究文献较为完备的书目，收录于周氏所著《问学集》下册。

六、《中国丛书综录》子目经部"尔雅类"

《中国丛书综录》是由上海图书馆在 20 世纪 50 年代末至 60 年代初编的丛书目录，收录了中国国家图书馆（原北京图书馆）、上海图书馆等全国 41 个主要图书馆所收藏的丛书 2797 种。全书分为三册，第一册是"总目分类目录"，第二册是"子目分类目录"，第三册是"子目书名、著作索引"。其中第二册"子目分类目录"经部设有"尔雅类"，分为四大类，即"正文之属""传说之属""分篇之属"和"专著之属"。其中"传说之属"又依朝代分为汉、魏晋、南北朝、唐、宋、明、清、民国八个部分。"尔雅类"其计收录《尔雅》整理研究书目 95 种，每种均著录有书名、卷数、作者及其时代，并标明该书被收入哪几种丛书。如：

正文之属例：

　　《尔雅佚文》一卷

　　（清）王仁俊辑

　　《经籍佚文》

传说之属例：

　　《尔雅注》一卷

　　（汉）刘歆撰　（清）黄奭辑

　　《汉学堂丛书·经解小学类·尔雅古义》

《黄氏逸书考·汉学堂经解·尔雅古义》（民国修补本、民国补刊本）

《榕园丛书甲集·尔雅古义》

分篇之属例：

《尔雅释言集解后案》一卷

（清）黄世荣撰

《文惠全书》

专著之属例：

《尔雅虫名今释》一卷

刘师培撰

《刘申叔先生遗书》

由于许多著作没有单行本或单行本比较难找，此部书目就为我们寻检阅读这些《尔雅》研究的文献提供了很大的方便。《中国丛书综录》附有《全国主要图书馆收藏情况表》，反映了全国各大图书馆所藏丛书的有无全缺，一索即得，为研读《尔雅》提供了便捷的工具。

第二节　发凡起例法

　　每部书一般总有它的编写体例及其内在逻辑，掌握了这部书的发凡起例，就等于拿到了研读这部书的钥匙，可以起到举一反三和融会贯通的功效。关于《尔雅》的发凡起例，主要有两部著作可以作为参考。

一、（清）陈玉澍《尔雅释例》

　　陈玉澍（1853—1906）在《尔雅释例序》中说："近儒于诸经多有释其例者，而于《尔雅》独未之及……玉澍测知，释《尔雅》之不可无例，犹之释诸经之不可无例也。"[①] 于是陈玉澍根据《尔雅》分篇训词之科条，立为凡例，形成了《尔雅释例》五卷。《尔雅释例》内容较为丰富，我们可以根据该书的释例条目了解其大概。

　　　　卷一：有假借无假借例

　　　　　　　经文在上在下例

　　　　　　　上下皆经文例

　　　　　　　经有异文而尔雅并释例

　　　　　　　释训释诗例

　　　　　　　文同训异例

　　　　　　　文异训同例

---

　　① （清）陈玉澍：《尔雅释例序》，载《尔雅释例》，南京高等师范学校1921年排印本。

卷二：训同义异例

训异义同例

相反为训例

同字为训例

同声为训例

两句相承例

转相训例

释地四篇例

释草七篇泛言例

卷三：释草七篇专释例

释畜释兽二篇例

用韵例

名同文异例

文同义异例

义同文异例

文同形异例

名同义异例

名异义同例

物异名同例

名异物同例

蒙上文而省例

一字重读例

因此及彼例

举此见彼例

释鸟释兽释畜言雌雄牝牡例

语助例

卷四：衍文宜删例

脱文宜补例

错简宜正例

上下互误例

涉上下文而误例

误以上文属下下文属上例

卷五：形近致误例

不当分而误分例

不当合而误合例

郭氏改经例

释文改郭例

附益例

　　以上五卷，从释例而言，重点是掌握前三卷的内容，第四、五卷主要是作者校勘方面的内容。

　　一些学者在给《尔雅释例》所作的序中，对这部书给予了高度的评价。学者顾实（1878—1956）在读了《尔雅释例》后，颇为感慨，他在《尔雅释例》序文中指出："顷于《国故》杂志中，读其遗著《尔雅释例》，诧为杰作，洵初学者研治雅诂之入门。"[①]陈玉澍从1888年10月至1890年9月，两

---

① 顾实：《校印尔雅释例序》，载《尔雅释例》，1921年南京高等师范学校排印本。

年时间完成了《尔雅释例》，书成之后，曾邮寄给清末学者黄以周（1828—1899）请教，黄氏阅后颇为赞许，他在《尔雅释例序》中指出，陈玉澍"潜研经术，尤精小学……近治《尔雅》，作《释例》五卷，邮寄示予，读之忻然"。《释诂》《释地》诸篇，立为诸例，"标明纲格，统括大归，畴昔《尔雅》有例之言，得此大畅。《尔雅》明，群经亦可治。庶乎训诂声音，各得分理，不至泛滥无归浸如洪水也乎"①。从顾实为《尔雅释例》所作《校印尔雅释例序》和陈玉澍的侄子陈钟凡（1888—1982）所作的《尔雅释例后序》中获知，《尔雅释例》在1921年排印本前，曾先刊载于《国故》杂志中，陈玉澍逝世后，陈钟凡于1920年秋将遗稿寄给了顾实，求为单独刊布。排印前，先后经清末学者刘师培（1884—1919）、陈汉章（1864—1938）和顾实校订，于是就有了1921年南京高等师范学校《尔雅释例》的排印本。

二、王国维《尔雅草木虫鱼鸟兽释例》

王国维（1877—1927）写《尔雅草木虫鱼鸟兽释例》一书，是受了清末学者沈曾植（1850—1922，字子培）的启发。1914年，王国维侨居日本，为罗振玉作《殷虚书契考释后序》。沈曾植看了以后，认为王国维学问不浅，可以同其讨论音韵之学。1916年，王国维来到上海，住处同沈曾植寓所很近。一天，沈曾植对王国维说："郝氏《尔雅义疏》于诂、言、训三皆以声音通之，善矣。然草、木、虫、鱼、鸟、兽诸篇以声为义者甚多，昔人于此似未能观其会通，君盖为部居条理之乎。"王国维听后有所感慨，于是"思为《尔雅》声类以观其义之通""为《尔雅草木虫鱼鸟兽释例》一篇，既

---

① （清）黄以周：《尔雅释例序》，载《尔雅释例》，1921年南京高等师范学校排印本。

名释例，遂并其例之无关声音者亦并释之"①。关于《尔雅草木虫鱼鸟兽释例》一书的写作旨趣及主要内容，王国维在本书卷首讲得很清楚："物名有雅俗，有古今，《尔雅》一书，为通雅俗古今之名而作者也。其通之也谓之释，释雅以俗，释古以今。闻雅名而不知者，知其俗名，斯知雅矣。闻古名而不知者，知其今名，斯知古矣。若雅俗古今同名，或此有而彼无者，名不足以相释，则以其形释之。草木虫鱼鸟多异名，故释以名。兽与畜罕异名，故释以形。"如果加以具体分析，王国维对《尔雅》的释例，可以分为以下几个类别，并进一步细分为 22 种凡例。

一是根据《尔雅》雅俗古今之语有同实而异名或异实而同名的情况，条理了以下四种凡例：

> 雅与雅同名而异实，则别以俗。
>
> 俗与俗异名而同实，则同以雅。
>
> 雅与雅异名而同实，则同以俗。
>
> 雅与俗同名异实则各以雅与俗之异者异之；雅与俗异名同实则各以其同者同之。

二是根据《尔雅》凡雅俗多同名而稍变其音的情况，条理了以下二种凡例：

> 雅俗之名同音者。

---

① 王国维：《尔雅草木虫鱼鸟兽释例弁言》，载《王国维先生读书》第 6 册，上海古籍出版社，1983 年。

雅俗之名有参差而二字或二字之一与其他名音相近者。

三是根据《尔雅》凡俗名多取雅之共名而以其别之的情况，条理了以下五种凡例：

有别以地者，则曰山、曰海、曰河、曰泽、曰野，更细别之则曰桑、曰樗、曰棘、曰栾、曰萧、曰茅。

有别以形者。形之最著者曰大小：大者谓之荏，亦谓之戎，亦谓之王；小者谓之叔，谓之女，谓之妇，妇谓之负。大者又谓之牛，谓之马，谓之虎，谓之鹿；小者谓之羊，谓之狗，谓之菟，谓之鼠，谓之雀。

有别以色者，则曰皤，曰白，曰赤，曰黑，曰黄。以他物譬其色则曰蕫，曰乌。

有别以味者，则曰苦，曰甘，曰酸。

有别以实者，则草木之有实者曰母，其无实者曰牡，实而不成者曰童。

四是根据《尔雅》雅名多别，俗名多共，雅名多奇，俗名多偶，其他偶名皆其物德名之的情况，王国维条理了以下七种凡例：

有取诸其物之形者。
有取诸其物之色者。
有取诸其物之声音。
有取诸其物之用者。

> 有取诸其物之生活习惯者。
>
> 有取诸他物者，或取诸生物，或取诸非生物。
>
> 其余或以形状之词，其词或为双声，或为叠韵。

五是根据《尔雅》雅俗古今之名凡同类之异名与异类之同名，往往于其音义相关的情况，条理了以下两种凡例：

> 同类之异名者，其关系尤显于奇名。
>
> 异类之同名者，其关系尤显于偶名。

除了以上五类 20 种凡例外，尚有以下两种凡例：

> 名之上或加以冠字。
>
> 名之下或承以且字。

以上就是《尔雅》一书雅俗物名的训释凡例。掌握了这些凡例，研读草、木、虫、鱼、鸟、兽、畜等篇的内容，就能易于理解，触类旁通。

后来王国维的学生刘盼遂（1896—1966）又曾撰有《尔雅草木虫鱼鸟兽释例补》，以补师说之未备。

王国维的《尔雅草木虫鱼鸟兽释例》曾被收入《王国维先生遗书》第 6 册，上海古籍出版社 1983 年版。

第三节 参看内证法

参看内证法就是将《尔雅》同句、同篇等相关内容联系起来进行互证的方法。《尔雅》训释语词有同词异训的情况，这不仅出现在同一句的训释中，也出现在同篇不同句的训释中，甚至出现在不同篇的训释中。如：

> 辟：《释诂》："辟，君也。"又，"辟，法也。"
>
> 替：《释诂》："替，待也。"又，"替，止也。"《释言》："替，废也。"
>
> 丕、简：《释诂》："丕、简，大也。"《释训》："丕丕、简简，大也。"

这就需要在研读《尔雅》时，采用参看内证的方法。《郝疏》中曾采用了这种方法，仍以上面所举例证：

> 辟者，下文云法也，此训君者，君为人所法也。人所法为君，犹人所归为王矣。（《尔雅义疏·释诂》上）
>
> 替者，下文云止也。《释言》云废也，《说文》云废，一偏下也……盖废有止义，止有待义，故又训待也。（《尔雅义疏·释诂》下）

通过这样的参看比较，可以更深入地了解和掌握《尔雅》的训诂。有的是一词数义，其义相足；有的是同篇异训或异篇异训，但意义相成。实际上，先于郝懿行一千多年的郭璞已经注意到了《尔雅》这种训释的内在特点。如：

> 《释鸟》："鹣鹣比翼。"郭注："说已见上。"检《释地》有云："南方有比翼鸟焉，不比不飞，其名谓之鹣鹣。"则《释鸟》所释与《释地》所释可以互证。
>
> 《释诂》："治、肆、古，故也。肆、故，今也。"郭注："肆既为故又为今，今亦为故故亦为今，此义相反而兼通者，事例在下而皆见《诗》。"郭璞这里讲的"事例在下"，是指《释诂》："徂、在，存也"的经文，彼处郭注又云："以徂为存，犹以乱为治，以曩为向，以故为今，此皆诂训，有反复旁通，美恶不嫌同名。"

郭璞正是把《尔雅》运用同类方法的训诂放在一起进行比较分析，从而得出了《尔雅》训诂有"义有反复旁通，美恶不嫌同名"这样一条凡例。不仅如此，郭璞还把参看内证的方法运用在校勘上。如：

> 《释木》："味荎著。"郭注："《释草》已有此名，疑重出。"
> 又，《释鸟》："密肌系英。"郭注："《释虫》已有此名，疑误重。"

我们在研读《尔雅》时，也要采用这种参看内证的方法，只有这样，才能完整地把握某一词语的训释，也才能更好地理解并掌握《尔雅》这部书的内容及其特点。而20世纪90年代以来古籍全文数据库和全文检索方法的日益普及应用，为我们运用参看内证的方法提供了更为便捷的现代检索工具。

第四节 《说文》互证法

在古代的工具书中，《尔雅》被认为是一部义书，而《说文》被认为是一部形书，因为《尔雅》以释义为主，而《说文》以解形为主；《尔雅》释词诂训有本义，也有引申义和假借义，《说文》析体解字，主在文字的本义；《尔雅》先成，《说文》后出，《说文解字》引用沿袭《尔雅》的内容并不是个别的例子。研读《尔雅》中，将其与《说文》互相对照，可以起到考镜源流、互证校勘的作用。

一、明《说文》所本

《说文》撰作之时，曾博采通人，引用了之前的诸多经典以相证明，有的注明出处，有的虽不标明，但通过互相对照，也可以看出其源出《尔雅》。如：

《释诂》："弼，重也。""弼，辅也。"《说文》卷十二弜部："弼，辅也，重也。"

《释诂》："怙，恃也。"《说文》卷十心部："怙，恃也。"

《释地》："邑外谓之郊，郊外谓之牧，牧外谓之野，野外谓之林，林外谓之坰。"《说文》卷五冂部："冂，邑外谓之郊，郊外谓之野，野外谓之林，林外谓之冂。"

但也有直接引用《尔雅》的例子，如《释畜》："短喙，猲獢。"《说文》卷十犬部："短喙犬也。从犬曷声。《尔雅》曰：短喙犬谓之猲獢。"

二、明《尔雅》释义

清代学者阮元在《尔雅注疏校勘记》中指出："《尔雅》经文之字，有不与经典合者，转写多歧之故也。有不与《说文解字》合者，《说文》于形得义，皆本字本义；《尔雅》释经，则假借特多，其用本字本义少也。"[1]将《尔雅》与《说文》互相对照，就可以知道《尔雅》是用字词的本义，还是引申义或是假借义。如：

《释诂》："京，大也。"《释丘》："绝高谓之京。"对照《说文》卷五京部："京，人所为绝高丘也。"可证《释丘》所释为"京"字的本义。丘高大者为京，故京引伸为大，则《释诂》所言是"京"的引伸义。

《尔雅》释词，往往几个词甚至是几十个词连在一起，用一词加以解释，读者往往知其然而不知其所以然。如：

《释诂》："弘、廓、宏、溥、介、纯、夏、幠、厖、坟、嘏、丕、弈、洪、诞、戎、骏、假、京、硕、濯、訏、宇、穹、壬、路、淫、甫、景、废、壮、冢、简、箌、昄、旺、将、业、席，大也。"

---

[1] （清）阮元：《尔雅注疏校勘记》"引据各本目录"提要，载《十三经注疏》下册，中华书局，1980 年，第 2565 页。

这里一连串列举了 39 个词，均解释为"大"。但为什么这些词解释为大呢，不得而知。如果将《说文》与之对照，这些问题就可以迎刃而解了。试举数例：

> 宏，《说文》卷七宀部："屋深响也。"屋深，指房屋建筑内部深广，故发出的音声大而宏亮，故宏有大义。
>
> 洪，《说文》卷十一水部："洚水也。"洚水，就是水不遵道，意为洪水泛滥。水大为洪，故洪有大义。
>
> 硕，《说文》卷九页部："头大也。"头大为硕，故硕有大义。

还可以通过《说文》拓展对《尔雅》释义的理解。如：

> 《说文》卷二彳部："徥，徥徥，行貌。从彳是声。
>
> 《尔雅》曰：'徥，则也。'"《尔雅·释言》："是，则也。"

《尔雅》的"是，则也"同《说文》的"徥徥，行貌"的释义有什么联系呢，原来，《说文》所引用的"徥"实际为"是"的假音。仪容行动可以称之徥徥，而仪容行动俱有法则，所谓容止可法故谓之则。通过《说文》的解释可以拓展对《尔雅》释义的认知。

三、《尔雅》《说文》互校错讹

无论是《尔雅》还是《说文》，在千年的历史传承中，都可能先后经历了竹简、写本、刻本等多种载体的转换，即使是同一种载体也会有诸多版本的差异。对于这些传世文献的整理的重要方法之一就是校勘，其中有一种方法称为他校，即将这一著作与另外一种或多种著作进行比对考证。《尔雅》与《说文》同样可以采用这种方法。

《释诂》："愉，劳也。"郭注："劳苦者多惰愉，今字或作窳。"这里的"愉"是"瘉"字的假借。《释诂》："瘉，病也。"病、劳意义相涉互通，故瘉训病又训劳。"愉"又通借作"窳"（或作瘝）。将《尔雅》与《说文》相对照，可以知道"窳"列在瓜部，字为平列的两个"瓜"，上半部没有"穴"字头，解释为"本不胜末微弱也"。清代段玉裁注："本者，蔓也；末者，瓜也。蔓一而瓜多，则本微弱也。"古代字书《玉篇》也解释为"劳病也"。可见，劳苦的训释来源于微弱，而不是郭璞所解释的"劳苦者多惰愉"。通过《说文》可以校正郭注的错讹。

《释言》："葵，揆也。揆，度也。"揆，《说文》卷十二手部："葵也。"可见《说文》本源于《尔雅》。但《尔雅》此字的释义却是解释《诗经》的。《诗·小雅·采菽》："天子葵之。"此"葵"字为"揆"之假借，《尔雅》"葵，揆也"用的是假借义。《说文》主于训释文字的本义而不是假借义，揆字本义解释为"度"。通过《尔雅》可以校证《说文解字》的失误。

清代研究雅学诸多学者都采用了《尔雅》《说文》相互对照研究的方法。清代雅学之隆于前代，与以上方法的普遍使用不无关系。

第五节　群雅补证法

群雅补证法就是将《尔雅》与其他雅书进行对勘互证，起到互相补充、互相证明的作用。明代人郎奎金曾辑有《五雅》（图四十三），即《尔雅》、汉孔鲋《小尔雅》、汉刘熙《逸雅》（即《释名》）、魏张揖《广雅》、宋陆佃《埤雅》。此外尚有与《尔雅》相类的汉扬雄《方言》等。这些群雅的文献，皆以羽翼雅训为编纂宗旨，补《尔雅》所未及，有许多内容是《尔雅》所不具备的，也有许多内容可以起到帮助研读的作用。下面以《小尔雅》和《释名》等为例。

《小尔雅》例：

> 《小尔雅·广义》："凡无妻无夫，通谓之寡。寡夫曰凳，寡妇曰嫠。妾妇之贱者谓之属妇，属，逮也，逮妇之名，言其征也。非分而得谓之幸，诘责以辞谓之让。男女不以礼交谓之淫，上淫曰烝，下淫曰报，劳淫曰通。不直失节谓之惭，惭，愧也。面惭曰皲，心惭曰，体惭曰逡。"

以上这些内容是《尔雅·释亲》篇中所没有的。硕，《尔雅》释为"大也"，《小尔雅》释为"远也"，大与远意义相通，两书正可以互相补充印证。

《释名》例：

《释名》的分类比《尔雅》19 篇更细，共分为 27 篇，有释天、释地、释山、释水、释丘、释道、释州国、释形体、释姿容、释长幼、释亲属、释言语、释饮食、释采帛、释首饰、释衣服、释宫室、释床帐、释书契、释典艺、释用器、释乐器、释兵、释车、释船、释疾病、释丧制等。这样详细的分类更便于读者检索。其中有些篇卷同《尔雅》相同或相类，可以互相补证。如《释名·释亲属》就可以与《尔雅·释亲》互相证明。其中有《释名》本于《尔雅》的，如"玄孙之子曰来孙，来孙之子曰昆孙，昆孙之子曰仍孙，仍孙之子曰云孙"；也有《尔雅》所没有的内容，如"无妻曰鳏，无夫曰寡，无父曰孤，老而无子曰独"。所以，《释名》参校方言俗语，考合古今社会文化，辨析名物的特点，考证典礼的异同，被认为是《尔雅》《说文》以后不可少的工具书。

其他例：

汉代扬雄的《方言》，其著书的旨意同《尔雅》相同。郭璞曾分别给《尔雅》与《方言》作注解并为两书写了序文：

> 郭璞《尔雅序》：所以通训诂之指归，叙诗人之兴拥，总绝代之离词，辨同实而殊号者也。
>
> 郭璞《方言序》：考九服之逸言，标六代之绝语，类离词之指韵，明乖途而同致，辨章风谣而区分，典通万殊而不杂。

可谓异书同旨，郭注《尔雅》，许多地方就是用方言俗语来训释的，所以两部雅书可以互相补证。

清代学者俞樾曾著有《尔雅平议》，其中也时有运用群雅补证的例子。如：

> 《释诂》："业，大也。"宋邢昺疏曰："业者，版之大也。"樾谨案，邢氏以大版为说，未得其义。《广雅·释诂》："业，始也。"《国语·齐语》："择其善者而业用之。"韦昭注曰："业犹创也。"创亦始也。业之义为始，故亦为大，犹元之义为大，故亦为始矣。《尔雅》甫、业并训大而甫之义即通乎始。《广雅》昌、猛、业并训始，而昌与猛之义即通乎大。然则训始训大，于义得通。《尔雅》《广雅》，正堪互证。[1]

---

① （清）俞樾：《尔雅平议》，清光绪二十五年（1899）《春在堂全书》本。

后　记

　　《尔雅》作为十三经之一，在中国传统经学文献中地位较为独特。这种独特性，表现在三个方面：一是《尔雅》是阅读研究传统经书的"户牖"和"襟带"，具有"要津"和"梯航"的工具导读功能；二是《尔雅》作为中国第一部百科词典和同义词词典，在世界百科全书发展史和中国辞书发展史上均占有重要的地位；三是由《尔雅》发端的雅书系列及其传承流布和学术研究形成了"雅学"，与专门研究东汉许慎《说文解字》及相关著作的"许学"，都成为具有中国特色的古代语言文字学研究的重要内容，成为中国传统文化研究中的一个特色。

　　最初接触《尔雅》，是我在大学就读中文系期间，当时我们几位同学在导师的指导下成立了古文字兴趣小组，我和同学共同编辑了《说文部首汇释》。研究《说文解字》的字"形"，必然会涉及《尔雅》的字"义"，我大学毕业论文就是研究声训问题的。在成为中国古典文献专业的研究生后，师从顾廷龙先生问校勘学，其中也时常要接触《说文解字》与《尔雅》。研究生毕业后，适逢四川巴蜀书社约顾先生写《尔雅导读》，先生便把这一书稿的撰写任务交给我，当时在上海长乐路与富民路口的合众图书馆旧址看了许多雅学文献。20世纪90年代初，西北大学张岂之先生和周天游先生牵头整理十三经，计划由上海古籍出版社出版，我有幸忝列其中，具体负责《尔雅》的整理。在校点整理的过程中，我试图将《尔雅》宋版郭璞单注、宋版邢昺单疏、宋版《经典释文》中陆德明的音义等三种宋本合为一体，尽可能接近《尔雅》文献的原貌。

可能是我此前写过《尔雅导读》并整理过《尔雅注疏》，这次《中国珍贵典籍史话丛书》向我约写了《〈尔雅〉史话》。在撰写过程中，我力图做到以下几点：一是较为全面地介绍《尔雅》在中国文化史上的地位；二是深入浅出地介绍《尔雅》的内容和版本流传；三是向读者提供阅读和研究《尔雅》的方法和路径。书中根据所述内容配了彩图，以期能达到图文并茂、生动形象的效果。在撰写过程中，上海社会科学院信息研究所的张涛博士、研究生肖羽在资料提供、配图排版、文字校对等方面给予了许多帮助，国家图书馆研究院申晓娟、刘鹏，国家图书馆出版社社长方自金，编辑徐海燕、黄鑫等也给予了许多指导，在此一并表示感谢。

令我感到惭愧的是，由于本人水平有限，此前出版的《尔雅导读》《尔雅注疏》中也曾存在不少错误，《〈尔雅〉史话》也可能存在疏失之处，敬希读者批评指正。

王世伟

2015 年 10 月 8 日于上海清水湾

《中国珍贵典籍史话丛书》已出版书目

序号	书名	著者	定价	出版时间	条码
1	打开西夏文字之门	聂鸿音 著	48.00	2014 年 7 月	ISBN 978-7-5013-5276-0
2	《文苑英华》史话	李致忠 著	52.00	2014 年 9 月	ISBN 978-7-5013-5273-9
3	敦煌遗珍	林世田 杨学勇 刘波 著	58.00	2014 年 9 月	ISBN 978-7-5013-5274-6
4	康熙朝《皇舆全览图》	白鸿叶 李孝聪 著	45.00	2014 年 9 月	ISBN 978-7-5013-5351-4
5	慷慨悲壮的江湖传奇	张国风 著	52.00	2014 年 10 月	ISBN 978-7-5013-5442-9
6	《太平广记》史话	张国风 著	48.00	2015 年 1 月	ISBN 978-7-5013-5484-9

7	《永乐大典》史话	张忱石　著	48.00	2015 年 1 月	ISBN 978-7-5013-5493-1
8	《玉台新咏》史话	刘跃进　原著 马燕鑫　订补	53.00	2015 年 1 月	ISBN 978-7-5013-5530-3
9	《史记》史话	张大可　著	52.00	2015 年 6 月	ISBN 978-7-5013-5587-7
10	西夏文珍贵典籍史话	史金波　著	55.00	2015 年 9 月	ISBN 978-7-5013-5647-8
11	《金刚经》史话	全根先 林世田　著	38.00	2016 年 6 月	ISBN 978-7-5013-5803-8
12	《太平御览》史话	周生杰　著	45.00	2016 年 10 月	ISBN 978-7-5013-5874-8
13	《春秋左传》史话	赵伯雄　著	45.00	2016 年 11 月	ISBN 978-7-5013-5880-9

国家图书馆出版社简介

国家图书馆出版社1979年成立，原名书目文献出版社，1996年更名为北京图书馆出版社，2008年改为现名。

本社是文化部主管、国家图书馆主办的中央级出版社。2009年8月新闻出版总署首次经营性图书出版单位等级评估定为一级出版社，并授予"全国百佳图书出版单位"称号。2014年被全国哲学社会科学规划办公室评定为"国家社科基金后期资助项目推荐申报出版机构"。

建社三十余年来，形成了两大专业出版特色：一是整理影印各种稀见历史文献；二是编辑出版图书馆学和信息管理科学著译作，出版各种书目索引等中文工具书。此外还编辑出版各种文史著作和传统文化普及读物。